家裁調査官、こころの森を歩く

離婚、親権、面会交流、そして少年非行

高島聡子

日本評論社

家裁調査官、こころの森を歩く

はしがき

この本は、『こころの科学』に連載されたコラム「こころの現場から」と、「Ｗｅｂ日本評論」に連載された「ただいま調査中！—家庭裁判所事件案内」というエッセイをまとめたものに、書籍化にあたり、家庭裁判所や家裁調査官に関する解説を付したものです。

まず最初に、「家庭裁判所調査官」という、普段はあまり表舞台に出ることのないマイナーな仕事を取り上げていただき、深く感謝しています。

私たちは、法律の殿堂たる裁判所の中にいる、人間関係諸科学、すなわちこころの問題を扱う組織内専門家です。絡み合うこころをほぐさなければ解決しない家族間の紛争を扱う家事事件や、自分のこころを言葉ではうまく表現できない未成年者の犯罪を扱う少年事件に関わっています。私の仕事は、一言で言えば、ひたすら「会って書く」仕事です。それ自体は特別な仕事ではありませんし、私自身もごく平凡な公務員に過ぎませんが、このような一冊の本をまとめることができたのは、ひとえに家裁にやってくる人たちの人生の重みでしょう。

家裁調査官の面接には、ほかの心理臨床の現場とは異なる、いくつかの特徴があります。

●「多様であること」調査官の扱う事件は、家事事件、少年事件それぞれに法的背景、難しさや深刻さの異なるさまざまな事件があり、面接の内容や目的はバラエティに富んでいます。

●「望んで来ないこと」家裁にやってくる人たちの抱える事件は、家族間の紛争、子どもの非行など、決して愉快な出来事ではありませんし、多くの場合、面接の相手は自ら望んで家裁にやってくるわけではありません。

●「権威的であること」調査官の面接は判断機関である家庭裁判所の権威を背景に行われるものであり、そういった意味で、クライエントとカウンセラーの自発的かつ任意の契約によって行われるカウンセリングの面接とは異なります。

これらの特徴から生じる独特さ、不思議さは、この本にまとめたさまざまなエピソードを読んでいただくことで垣間見えるかと思います。

これは私の勝手なイメージですが、家事事件の当事者や、少年やその保護者は、暗い森の中の道を歩いているようなものだと思うことがあります。中でも、家裁という場は、その道程において大きな岐路です。この先、どちらの道を行けばいいのか。離婚するのか、しないのか。もう二度と罪を犯さないのか。どれもこれも、これからの人生を左右する重大な選択です。そしてこれまでの夫婦関係や親子関係、大げさに言えば自分の歩んできた人生を問われる選択でもあります。すぐに問題が解決する手立てや、手っ取り早い正解があるわけではありません。彼らの迷い込んだ森は暗く、行く手は見えません。明るく見えるほうに歩こうとしても、時には霧が立ち込めて、振り返っても自分が歩いてきた道すら見えなくなることもあります。

ジブリ映画『千と千尋の神隠し』（宮崎駿監督、二〇〇一年）の終盤に登場する、銭婆の森の歩くランプを知っていますか？　当事者や少年が森の中の道を歩いている旅人だとすれば、私たち調査官は、このランプのような存在かもしれません。森の中、ランプはそっと分かれ道に佇み、道に迷っている人の行く手や、転びそうな木の根っこを照らして少しだけ伴走します。旅人が森を出ていく時には手を振って見送ります。

私はこの仕事に就いてから、たくさんの人たちから話を聞いてきました。いろいろなこころに出会います。人間のこころというものは本当に複雑で奥が深く、不思議なものです。表に見えているもの、隠れているもの。暗い森だと思っていても、日が差すと風景が一変するように、おばけだと思っていたらただの影だったり、枯れた木の茂みのように見えても、近づくと花が芽吹いていたり。森の中では、風が吹くと、遠くから木々を渡って近づいてくる風の音が聞こえるように、普段は見えないものが形になって見えることもあります。時には、生命力のある濃い緑に飲み込まれそうになることもあるでしょう。

この本の『こころの森を歩く』というタイトルには、当事者や少年が歩いている、そんな森の中を一緒に歩くというイメージを込めました。森に迷い込んだ旅人は心細く、不安だろうと思います。中には投げやりになったり、誰かに対して攻撃的になったりする人もいます。それでも、歩き続ければいつかは森の出口にたどりつけるはずですし、森を出た先の行く手に、明るい野原が広がっていますようにと願わずにはいられません。

まず最初に大事なお断りを。一人の家裁調査官の目を通し、家庭裁判所の事件に現れるこころの諸相を紹介する、というのがこのエッセイですから、文中の見解はすべて私個人のものであって、調査官集団や、ましては家裁全体を代表する公的なものではありません。そして、裁判所職員である家裁調査官には、守秘義務があり、この本で取り上げる話はすべて、家裁で取り扱う事件の特徴を踏まえて作成した架空のものです。家裁に係属した事件を参考にはしていますが、複数の事例の要素をつなぎ合わせたり、登場人物の性別年齢を変えたりして、もとの事件はほとんど原型をとどめていません。ただ、その結果、まったく別の誰かの事件にそっくりになってしまったということがあるかもしれません。「家族」が、一組の夫婦と未成熟子の組み合わせである以上、そのバリエーションには当然限界があり、家裁での紛争も少年の起こす事件にも、さほど種類があるわけではないのです。なので、この本に登場するさまざまなお話も、もしかしたら、あなたの知っている誰かの場合に似ているかもしれませんが、それはすべて間違いなく「ハズレ」なので、どうぞご安心を。

ただし、裁判手続や事件の展開はできるだけ正確に、嘘や誇張、違和感がないように心がけました。そのため、読者のみなさんが期待するような少年の劇的な立ち直りや、不誠実な当事者がコテンパンにやられるようなスカッとする展開はなく、一種煮え切らない、つまらないと思われることがあるかもしれません。

ごめんなさい、家裁の事件はそんな簡単に解決はしないのです。
さあ、それでは私たちと一緒に、「こころの森」を歩いてみましょう。

家裁調査官、こころの森を歩く　目次

第1部　森の入口　夫婦・親子に関する事件〈1〉

第1部

森の入口

夫婦・親子に関する事件〈1〉

「人が、北へむかって、一日、一週間《いっしゅうかん》、いえ、まるひと月歩きつづけても、この森からぬけだすことはできないのです」

――『大きな森の小さな家』ローラ・インガルス・ワイルダー作、恩地三保子訳、福音館書店、一九七二年

ここでは、家事事件で調査官が関与する中心となる、夫婦・親子に関する事件を集めました。夫婦（または元夫婦）の間の話し合いである、夫婦関係調整（離婚）、面会交流、子の監護者の指定、子の引渡しといった事件です。基本的には調停という話し合いから始まり、協議がまとまらない場合に家裁が審判という形で判断を示すことがあります。まずは、舞台となる家庭裁判所の成り立ちを、そのあと、家事事件での審理の流れや調査官の動き、実際の調査をざっくりと理解していただけるエピソードから中心にご紹介します。

1 なぜ家事と少年なのか

はじめましてのご挨拶

私は家庭裁判所調査官。裁判所に勤務する国家公務員である。

あなたが、裁判所と聞いて思い描くのは、どんなイメージだろう。黒い法服の裁判官が壇上に並ぶ法廷スケッチか、あるいは弁護士が「勝訴」と書いた紙を広げながら建物から走り出してくるニュース映像だろうか。どちらにしても、平凡な日常生活を送る市民にはあまり縁のない場所、というのが共通する印象かもしれない。ところが、私が働く家庭裁判所は、離婚、遺産分割、子どもの非行といった、誰の人生にも起こりうる身近な問題を扱う裁判所である。

この本では、家裁に係属するさまざまな事件を切り口に、私たち現場の家裁調査官の様子をお伝えしようと思う。事件の諸相は、時代につれて変わるところも、変わらないところもあるが、令和のリアルな家裁の雰囲気を感じていただければ幸いである。ただし、最初に強調してお断りしておくが、家裁では原則として手続が非公開であり（人事訴訟を除く）、家裁調査官には厳重な守秘義務もあるので、取り上げる事件はすべて、家裁に係属する事件の特徴を踏まえて構成した架空のものである。

私たちのいるところと、私たちのいる意味と

事件の話に入る前に、今回はお話の舞台である家裁と、私たち家裁調査官について少しだけ紹介しておきたい。日本には五種類の裁判所がある（最高裁判所、高等裁判所、地方裁判所、簡易裁判所、家庭裁判所）。地裁と簡裁では民事事件と刑事事件、家裁では家事事件と少年事件を扱う。民事事件は金銭の貸し借りなどの財産や権利関係にまつわる問題を扱い、刑事事件は成人の起こした犯罪に対する刑罰を決める手続である。これに対して、家事事件は主に家庭内で起きた紛争や権利関係に関する問題を扱い、少年事件は二〇歳未満の少年が起こした犯罪について処分を決める手続である。

……と、ここで一つ、読者のみなさんに考えてほしい、素朴なクエスチョンがある。民事と家事は私人間の権利関係、刑事と少年は犯罪と、それぞれ扱うテーマが共通しているのに、なぜ、民事と家事、刑事と少年という組み合わせではなく、「家事と少年」がセットなのだろう？

それにはちゃんと理由がある。家事事件で扱うのは、離婚、面会交流、遺産分割など、どれ

も夫婦や親子という家族関係にある人の間で起こる問題だから、理屈や法律だけで結論を出されても簡単に割り切れるものではなく、その解決には、紛争の背景にある人間関係にまつわるさまざまな感情の理解が不可欠だ。特に、未成年の子どもに関わる問題については、子どもの置かれた環境や子ども自身の心情が最も重要になってくる。子どもの生活環境を知るには「百聞は一見に如かず」、実際に見に行くのが一番だ。また、子どもの心情といっても、子ども自身が自分の意思を言葉で表現できる年齢に達していない場合もあるし、仮に何かを言えたとしても、その言葉の背景や環境を合わせて考えなければ、子どもにとって本当に望ましい結論は見えてこない。

少年事件でも、単純に「この罪名ならこんな処分」とは決められない。どのような処分を与えたとしても、少年はいずれ社会に帰ってくる。その日のために再非行を防ぐ手立てを考えなければならないが、その前提として、この少年がなぜこのような非行を犯したのかを正しく理解する必要がある。少年はだいたい自分がなぜ事件を起こしたのか、理路整然と説明できたりはしない（そもそも、思春期の子ども自体が理屈では説明できない存在だ）。その行動を正しく理解するためには、少年一人ひとりの成熟度や発達特性、それぞれの思考回路の傾向や特徴、家庭や友人関係など少年を取り巻く環境といった、少年が非行に至った要因を十分に踏まえる必要がある。こうして見てくると、家事事件、少年事件ともに、その解決のためには人間の心理や、紛争や非行の背景にある事実を丹念に調べることが大事、という点が共通していることがわかる。それを調べるのが、私たち家裁調査官の行う「調査」だ。

少年法には「調査は（中略）医学、心理学、教育学、社会学その他の専門的智識特に少年鑑別所の鑑別の結果を活用して、これを行うように努めなければならない（第九条）」という規定があり、家事事件手続規則にも、事実の調査に関する同様の条文がある（第四四条）。一方、民事訴訟法や刑事訴訟法にはこのような規定はない。つまり、日本の裁判所は、家裁の事件に関してだけは、「法律だけでは結論を出しませんよ、〝法律以外のもの〟も大事にしますよ」と、堂々と法で謳っているわけである。だから「家事と少年」がセットになっているのであって、その「法律以外のものを大事にするマインド」を具現化した存在が、家裁調査官、ということになる。

家裁調査官は、心理学を中心とした人間関係諸科学を学び、行動の背景にある人間の心理を探ったり、その年齢や特性に応じて少年や子どもから話を聞いたり、問題の解決に向けて働きかけるなど、「こころ」の問題を扱うための養成を受けた専門家集団だ。ちなみに外国では、こういった心理の問題を外部の専門家にアウトソーシング（外注）する制度になっている国も多く、心理系の専門家を自前で養成するというのは、日本の裁判所の懐の深いところでもあると、私は思う。

家族の紛争や少年の非行という、人生の重大な局面にいる人たちに、こころを切り口に向き合うというのは、責任も重いけれど奥の深い、いい仕事だ。

いつもの机から

……などと思っていると、机の上の電話が鳴った。調停室からの内線電話だ。ちょっと困ったような裁判官の声が耳に飛び込んでくる。

「調査官？　今日が初回の離婚調停にね、当事者が小学生の子どもを連れてきちゃったんだよね。まだ同居中の夫婦で、離婚については一応合意してるんだけど、両方が子どもは自分と暮らしたいと言ってる、本当はどうなのか、ここで子どもの意見を聞いてくれって。調停委員から、いきなり連れてきても子どもの話を聞いたりしません、子どもに決めさせることじゃないでしょうって言ってるんだけど、家裁には調査官という専門家がいるんだろうって引かないらしくて。調査官からも、一度当事者に説明してくれませんかね？」

毎日、家裁では多数の家事調停が開かれるが、すべての調停に家裁調査官が出席しているわけではない。子どもの問題で対立し、調査が必要と見込まれる事件には担当調査官が出席しているが、現に家裁調査官が関与していない事件についても、このような飛び込みの相談を受けるために、多くの庁で「調停当番」などと呼ばれる当番が決められている。今日は私がその当番だ。

とりあえず足早に調停室に向かう。さて、当事者にどう言おう。どちらの親にも一緒に暮らしたいと言っているということは、双方が「パパとママ、どっちと暮らしたい？」などと聞いているのだろうか。今も同居中ということは、子どもの言葉を盾に、子どもを連れて別居するためのお墨付きが欲しいといったところか。小学生ということだが、学校は休ませたのだろうか。通りがかりの待合室に見えた小さな後ろ姿は、その子どもだろうか。

裁判官と調停委員から簡単な状況を聞いて、当事者に調停室に入室してもらう。

「途中から失礼します。私は家裁調査官です。ちょっと、お話を聞かせてもらえますか?」

2

交換日記——夫婦関係調整

50：50（フィフティ・フィフティ）

一組の若い夫婦の話から始めよう。妻は離婚したい。二歳の子を連れて実家に帰った。夫は離婚はいやだし、子と離れるのはもっといやだ。だいたい、妻は遊び好きで、女子会だライブだと出かけ、夜泣きする子を夫が夜通し抱いていたのも一度や二度ではない。

当然、妻は子を自分で育てる気でいたが、夫が納得するわけがなく、妻の両親もまだ現役で、妻が期待したほど育児に援助も得られず、しばらく綱引きをした結果、夫婦双方の実家で一週間交代で子を育てることになった。

妻が協議離婚をあきらめ、夫婦関係調整（離婚）調停を申し立てた時、律儀に一週間交代の監護だけは続いていた。しかし、やりとりのたびに、子の世話をめぐって争いが絶えないという。

夫から「いかに妻がいい加減な母親か」を立証する資料として提出されたＬＩＮＥのやりと

りのプリントアウトは、同時に、夫のよく言えば几帳面さ、逆に言えば神経質さを際立たせるものでもあった。イラスト混じりの吹き出しが並ぶ文書は、一見かわいらしいようで、お互いへの攻撃性と毒に満ちている。

「お尻かぶれてんだけど？　医者行ってないの？」

「ママ友がこんなの問題ないって」

「そんだけ？　無責任な母親！　それで親権とか呆れるわ」

「そっちこそ、こないだのたんこぶ何？　自分のこと棚に上げてマジむかつく。だから離婚したいんだってば」

「はぁ？　ちゃんと手当しましたー。そっちよりよほどまともに世話してるし」

反応が遅いと「おーい」「おーい」「スルーかよ」と、また口調はきつくなり、双方から眉を吊り上げ、歯をむき出した怒りの表情のネコやクマのスタンプが連打されている。

やりとりを読む限り、一度始まった言い合いはすぐさまヒートアップしており、ただちにレスポンスが返ってくる即時性が、結果的に紛争性とお互いへのいらだちをより高めているようにも思えた。

平成二五（二〇一三）年の家事事件手続法の施行以来、当事者双方の同席が可能な事案では、調停の前後に、当事者双方を立ち会わせ、手続説明を行うほか、進行方針や合意に至った点を確認する取り組みを行う庁が増えた。低年齢の子の監護が問題になっているということで、調査官である私が調停に立ち会っていたが、毎回「離婚については合意できない。双方、親権だけは譲れない。一週間交代の監護はこれからも続ける」という内容から一歩も進むことはなく、夫婦の間を行き来しながら紛争に巻き込まれている子の状態が懸念された。夫婦とも「こっちでは、子は元気に機嫌よく過ごしてます」と言うのが救いである。

裁判官からは、せめてどちらかに生活の本拠を定め、週末もう一方が預かる形で調整できないのかという提案もあったが、特に夫が「公平な監護日数」という条件から一歩も引かない。

一週間を二週間にしてみた、と言われたこともあった。私が「どうでした？　何か変わった様子は……」と尋ねたのは、もちろん子の様子を聞いたつもりだったのだが、夫は「やっぱり二週間も子どもがいないとさみしくて、一週間に戻しました」と頭をかいた。そうじゃなくて、と言いかけた私の先を制し、調停委員がピシリと言った。

「あなたのことじゃありません！　子どもさんに何か変わった様子がなかったかを聞いてるんですよ」

夫は一瞬びっくりし、目を白黒させて一所懸命記憶を探っているようだったが、子どもの変化で思い出せることはなかったらしい。「いや、特に……」とうつむいた。

一冊のノート

何度目かの調停終了時の確認の際、ＬＩＮＥのプリントアウトに見入っていた調停委員が、ふと思いついたように「あなたたち、ＬＩＮＥとかじゃなくて、交換日記やらんかね」と言い出した。

「こんなに子どもの話でケンカになるのに、一週間交代を続けたいなら、連絡することをノートに書いて、子どもと一緒にやりとりしたらよかろう」

一瞬、キョトンとした夫婦だったが、私も慌てて言葉を添える。

「ほら、受け渡しの時に、子どもさんの体調や食事のこととか、連絡する内容があるでしょう。それをノートに書いておいて、子どもさんと一緒に渡したらどうかな？　で、相手を責める内容は書かない。離婚とか、親権とか、調停で話し合うべきことはそのノートには書かない、というルールで」

「ＬＩＮＥのほうが早くないですか？」といぶかしげな夫婦に、「まあ、一回やってみて」と話を切り上げたのは、内心、これが打開策になるかも、という読みもあったからである。

一ヵ月後、次の調停で、妻が照れたような表情でノートを差し出した。一頁目には、夫の几帳面な字で「子どものことだけ書く　相手をせめない　リコンしてくれと言わない」とあり、その後、妻の丸い字が続く。ノートの内容は、最初こそＬＩＮＥの続きのように、相手に対する批判も混じるが、三、四週目あたりから目に見えて穏やかになっていた。

その次には、夫が書いた「トイレ成功！」の文章に、妻が「やったー！」と書き足したノートが提出された。子が幼稚園への入園を控えていたこともあり、その後の調停は離婚に加え、子の入園先の話にも費やされた。妻に子の教育は任せられない、と最初は自分の実家に近い園へ勝手に入園させるつもりでいた夫だが、妻の実家からも通え、保育園並みに延長保育のある幼稚園を探してきた。

数ヵ月後。妻は「いずれは離婚したいです。小学校の学区は違うから、どっちが育てるか、ちゃんと話をつけないといけないけど、それはもう少し落ち着いて、二人で話し合って考えます」と、調停の申立てを取り下げた。


昨今、子は夫婦二人の間の子なのだから、離婚後も父母平等に交代で監護に当たるべき、と口にする当事者が増えてきた。確かに、離婚や別居により子と離別する側の親のつらさは計り知れない。実際に「週三日以上の面会交流」などという約束を取り交わして離婚する夫婦を目にすることもある。

しかし、子の生活時間を父母半々にして面倒を見ようというやり方は、父母双方が「子どものために」十分な協力態勢を取れない限り非常に難しい、というのが事件を通じての率直な印象である。

子が頻繁に行き来すると、それだけ相手の監護のアラが目につく機会も増える。それがただちに、紛争における攻撃材料になったり、子の前で親が「まったくママはいい加減だから」「だからパパは信用できないのよ」とうんざり顔になることは、単なる別居以上に、子にとっては心身ともに大きな負担となると思う。

交換日記は、表面的な条件にこだわっていた当事者の目を子の姿に向けさせることにもなり、「子のために協力する姿勢」を形成するきっかけになったようである。

調停が終わり、調停委員に「あの交換日記はヒットでしたね。よく思いつかれましたねえ」と声をかけると、調停委員は「いやいや、九〇歳になる私の母が、老人ホームのショートステイを利用してましてね。毎回、ノートで細かく連絡事項をもらうんですわ。その応用、応用」とゆったりと笑ってみせた。

3 取るだけ育休の表裏——子の監護者の指定

名探偵じゃない！

家裁調査官が登場する小説やドラマでは、よく調査官が颯爽と飛び出していく。当事者の自宅や職場に乗り込み、いきなり身分証を見せて「私、家庭裁判所の調査官なんですけど、実は今、こんな事件が家裁に係属してまして。話を聞かせてもらえませんか？」。けげんな顔つきの相手から明かされる意外な事実！　隠された家族の真実は——？　もう頭を抱えて叫びたくなる。

「調査官は名探偵じゃない！」

家裁調査官の調査で、いわゆる聞き込みをすることはない。誰を調査対象にするかについては、当事者にその目的を説明して了解を得るし、基本的には当事者から相手に連絡をしてもらったうえで調査に出向く。家裁に事件が係属していること自体も、高度な個人情報だからである。

聞き込みはしない！

逆に当事者から「この人に話を聞いてくれ」などと言われることもある。

今面接中の父が出してきたのは、社内ホームページの記事らしきプリントアウト。「我が社初の本格育休パパ！」というタイトルに、子を抱いた父親は満面の笑顔の写真。

「見てください。私は育休を半年取り、育児に全面協力しました。今も、妻がいなくても育児に問題はありません！　妻は勝手に出ていっておいて、私と長男を引き離そうとしてるんです。こんなひどい申立て、ありますか？」

「こんな申立て」とは、母からの「子の監護者の指定」「子の引渡し」「審判前の保全処分（以下、保全処分）」。父のもとで監護されている二歳の長男を早急に母に引き渡せ、という申立てである。母が家を出る際に子を連れて出ようとしたが、父に阻まれた。父のもとでは子が十分な監護が受けられず、父は面会にも応じず、緊急性があるというのが申立ての理由だ。開かれた審問（裁判官が双方の言い分を聞く手続）で、父は、現状の監護に問題はなく、母はヒステリックな性格で面会に応じると子が情緒不安定になるとして、子の引渡しも面会も拒否した。子の監護状況を確認するための調査命令が出され、今日は父から、その言い分と現在の監護状況を聞く面接だ。

父はこちらの顔色を窺うように、「別居後の監護実績は私のほうにあるし、育休まで取ってるんだから、私が絶対有利ですよね？」と聞いてくる。

「それはどんな理由で？」

「ネットで見ましたよ。別居後の監護実績の日数が勝負だって」

育休、育休と連発するわりには肝心の子どもの様子に関する話はあやふやで、それよりも、と父が取り出したのは数十枚の署名。「相手方は子煩悩で、父親の鑑です。育休を半年取り、育児に誰よりも熱心に関わっていたことを証明します」という同じ印刷文の下にさまざまな筆跡の署名押印が並んでいる。

「これは、あなたとはどのような関係の方？」

父は「会社の同僚、同級生、近所の方々です！　ぜひ話を聞いてください！　いかに私が子どもに愛情深く関わってきたか、みんな証言してくれるはずです」と胸を張る。

そんな相手を調査の対象にはしないことを説明し、父の落胆顔をよそに、家庭訪問の約束を取りつける。

突入もしない！

母からも話を聞く。グレーのパンツスーツの母は、地元優良企業の「エリアマネージャー」の名刺を差し出す。これまでの双方の関わりを振り返る話のタイミングで、父の育休に話題を向けてみる。当時はまだ夫婦関係もよかったのかと思ったら、キッとにらまれ、母はここぞとばかりにまくし立て始める。

「あの外ヅラ男にだまされないでくださいよ、調査官！　育休の話も、収入は減っても協力して乗り切れればと思ってました。でも、実際子どもが生まれたら、やりたがるのは外出の時の抱っこ、オムツ替えは人が見ている時だけ！　育休で最初にしたのは、資格講座の申し込みでした。〝育休中もスキルアップ〟とか言われたかったんでしょ。もともと私より給料が低いのがコンプレックスだったみたいだし。家ではただ寝転がってゲームしてるか、オンラインの講座を眺めてるだけ。新生児がいるのに、世話する相手が増えて、私の手間は倍ですよ。なのに『僕が育休を取って、君も楽ができてよかったね』って、恩着せがましく。育休が終わったら、それまで以上に何もしなくなったくせに、二言目には『僕は育休取ったいいパパだから』。もうウンッザリでしたけど、私だって見栄も意地もあるし、そのあと一年ちょっと、ワンオペで頑張りましたよ。でも、子どもが二歳になってイヤイヤ期になったら、感情的に叱ることだってあります。そしたら『ママ怖いねえ』とか、上から目線で『僕はもっとうまくやれたよ？』って。もうブチ切れて、子どもを連れて別居しようとしたら、突き飛ばされたんですよ？　DVですよね？　そんなにうまくやれると言うんなら、しばらく面倒を見て私の大変さを思い知ればいい、と思って子どもを置いて実家に帰ったら、二重鍵をつけられてて、保育園にも『母親が子どもを置いて出ていったから、迎えにきても渡さないで』なんて大嘘言ってるんです。子どもがこの年齢なら、絶対母親優先ですよね？　DVがあれば、調査なんかなくても即保全処分が認められることも多いって読みましたけど！」

「それは何の情報？」

「ネットで見ました！」

「うーん。お互いの言い分があるから、実際のところを見ないと何ともね。そのための調査ですから」

「調査官が家に行ったら、育児なんかできてないのがわかりますよね？　夕食の時に踏み込めば、ろくな食事じゃないのがわかると思うんですけど！」

突入などしないと言うと、「ええ？　予告なんかして行ったって、本当のところはわからないでしょう！」と怒られる。

第三者の目、調査官の耳

まず保育園に話を聞きに行く。「父母のどちらがよいかという意見を伺うわけではありません。客観的に見た事実だけをお聞きできれば」と話を始めると、年配の保育士は大きくうなずく。

連絡帳では睡眠は足りているはずなのに、午前中、子どもが眠そうだった。子どもが熱を出しても、父母双方とも「仕事を抜けられないから、あちらに言って」と迎えに来なかった。朝ウンチをしたと言って「保育園で替えてください」と汚れたオムツのままで連れてきたこともあった、と次々に危なっかしいエピソードが語られる。

「それはお母さんが家を出てからのこと?」と時期を確認すると、「いえいえ、その前からです」。

とはいえ、父が単独で監護を始めてからは、明らかに親の不注意による怪我やお腹を壊すことが増えたし、特にオムツかぶれがひどい。連絡なく延長保育になることもたびたびあった。別居開始から一ヵ月半、二人で協力していた時期と、父単独の時期を簡単に比較はできないが、見過ごせない変化である。保育士は「でもご両親とも、お子さんを本当に可愛がっておられますよ」と付け足すのを忘れなかった。

次は家庭訪問、育児中の後輩調査官と一緒に父の家に行く。子どもは私たちを見て固まったまま目を逸らすが、父は早速、後輩相手に「調査官、結婚されてます? 親ってのは、やっぱり育休取ってこそ一人前でね」と、育休の話をまた一から始めている。後輩は童顔のために若く見られるが、実は小学校の先生からの転職組だ。後輩は言葉少なに「今日は子どもさんの体調はどうですか?」「いつもはどんな遊びを?」と質問をはさみながら、父の話に相づちを打っている。

母はああ言ったが、家の中は小ぎれいに片づいていて、洗濯や掃除も毎日きちんとされているようだ。子どもの誕生祝いの写真や手型足型の記念品なども壁一面に並んでいて、父母それぞれに忙しい中でも子どもの成長を見守ってきた様子が感じられる。

　後輩から普段の遊びを聞かれ、父は毎日読み聞かせしているんですよ、と言いながら絵本を出してくるが、子どもは絵本には見向きもせず「ユーチュー、ユーチュー」とぐずり出す。父がタブレットを手渡すと、子どもは父に背を向け、慣れた様子で勝手に動画を再生している。

　食卓には朝食の残りがそのまま。子どもの口の端にもチョコがついたままなのに、子どもがスティックパンを指さしてちょっとぐずるたびに、父はすぐにパンを手渡し、大げさにほめて食べさせる。三本目に至って、さすがに「お昼がお腹に入らなくなりません？」と聞いてみたが、父は「好物だから食べますよ？」とキョトンとしている。

　身体を使った遊びのアピールのつもりか、父が動画の途中でいきなり子どもを背中から抱え上げ、勢いよく子どもを振り回すと、子どもは最初歓声をあげるが、足が椅子にぶつかって大声で泣き出す。体調は悪くないという話だが、子どもは終始ぐずぐずと不機嫌で、父が抱き上げても身を反らして泣きやまず、自分から父にしがみつくことはない。父は「いつもはパパのブーン、大好きなのになあ、アハハ」と笑うが、目は笑っておらず、腹立たしげな表情をチラと見せ、確かに小さな舌打ちの音が聞こえる。

　子の監護者の判断基準について、実際のところ、これが決め手というような絶対的な公式があるわけではない。短時間の調査で、育児のすべてを把握できるわけでもないと思うが、それでも相手が何を見せようとするかにより、それなりに見えてくるものもあるというのも実感だ。

今、子どもに必要なものは何で、それを実現するにはどうすればよいか。それを探るために、私たちは当事者の主張の背景にある一つひとつの事実を丹念に拾い集める。

泣き続ける子どもの姿に目をこらし、耳を澄ます。あなたに今一番必要なものは何？　子どもの不機嫌そうなぐずり声はまた高くなり、いつまでもやまない。

4

四八時間——面会交流

父のルール

「面会交流」という事件名がある。離婚の前後にかかわらず、父母が別居している場合、離れて住む親が子に会う方法等を取り決める場合の事件名で、家庭裁判所では毎年増加し続けている事件である。

家裁の調停で面会交流について取り決める場合には、「相手方は、申立人が当事者間の子と、月一回程度、面会交流することを認める。その方法、場所、時間等については、子の福祉に配慮し、双方で協議して定める」といった、幅をもたせた文言になることが多い。養育費等の金銭問題と違い、面会交流は子の成長に合わせて、そのやり方が変わる可能性があり、そのためにはあまりがんじがらめに細かい条項を作らないほうが、父母が柔軟に対応できるからである。

調停席上、技術職だという父は、細い銀縁のメガネを押し上げ、自作だという条項案を差し出した。
「月に四八時間の面会交流を実施する」「実施の二週間前までに、父は実施日を母に通知し、母は一二時間以内にその可否を父に返事する」「母が、子の体調不良以外の理由で面会交流を拒んだ時には、ペナルティとして三万円を父に支払う」「三回以上の面会交流拒否があった場合、ペナルティとしてただちに親権者を父に変更する」「母は月一回、父に子の身長、体重、健康状態を通知する義務を負う」……。

条項は二〇項目以上に及び、びっしりと細かい文字が並んでいる。

調停委員が差し出した条項案を見るなり、母はこわばった表情のまま、ため息をついた。
「結婚してからずっとこうでした。毎日毎日、自分勝手なルールを作ってこちらに押しつけてくるんです。守れなければまたペナルティ、ペナルティ、新しいルール。やっと離婚できて解放されたと思ったのに、もう付き合い切れません」

父に母の反応を伝えても、父はピンと来ない。「こういうことはもう少し柔軟に、様子を見ながら段階を踏んでいったらどうですか」という調停委員の言葉にも、「ルールはきちんと決めるべき。ルールが破られた時のことも決めておかなければ、あっちが守るはずはありません。裁判所でそんないい加減な約束が通用するんですか」と、強い口調で言いつのる。

調停委員の表情も、母とそっくりなこわばり顔になってくる。

この父のような当事者の方が、調停では時々いる。対人関係やコミュニケーションの取り方が独特である。つまり、とにかく細かく几帳面。自分がこれと決めたルールにはがんじがらめにこだわるが、そのことが相手からどう見えるかということについては、まったく無頓着である。「普通はこうだ」とか「常識で考えて」といった説得が通じないことがままある。

たとえば、「月四八時間」というのは、父のイメージでは金曜夜から日曜夜まで、週末二泊三日のことを言っているのだが、母に言わせれば、「同居中だって、私が忙しくて、『子どもを見ててね』と言えば、本当に、ただ見てるだけ。オムツが濡れても、お腹をすかせて泣いてても、子どもを抱き上げもせず、あやしもせず、平然と『僕、見てたからね』と言う人ですよ。子どもだけを泊まりがけでなんて行かせられるわけないでしょう」ということになる。

母の工夫

かたくなに面会交流を拒む母だったが、調停を重ね、家裁の児童室（親子が遊べるじゅうたん敷きの柔らかい雰囲気で、おもちゃが多数備えられた部屋）で、調査官が立ち会う条件で、試しに父と子の面会交流の機会を設けることだけには応じてくれた。

こういった調査（「試行的面会交流」という）では、調査官が子の様子を見るため、事前に子に会いに行くことが多い。

母が心細げに「どう言えばいいのか、難しい子で」と言った意味は、子と顔を合わせるなりよくわかった。挨拶より前に昆虫図鑑を開き、こちらの反応におかまいなく、好きな虫の名前や特徴を説明し始める。母が話をさえぎると、頭から突き抜けるような声をあげ、かんしゃくを起こして怒る。顕著なのはやたらと時計にこだわることで、「タカシマさん、何時何分までいるの？」と聞いてきては、繰り返し「あと何分か」とつぶやく。家中に時計がかけてあり、毎朝の手順を時計の絵入りで描いた母手作りのポスターから、子にパニックを起こさせないための母の工夫と奮闘の様子がよくわかった。

梅雨の蒸し暑い日で、珍しい来客にはしゃいだのか、昼寝してしまった子を横目に、私が「お母さんが言うように、ちょっと難しい子かもしれないけど、上手に工夫して子育てしてらっしゃるよね」と言った途端、「本当ですか」と母が涙をこぼした。

教えなくても図鑑の虫の名前を読み始め、天才児だと思っていた子が、幼稚園に入り、五月の運動会のリハーサルでパニックを起こした。会場で流れるＢＧＭに、耳をふさいでうずくまり、奇声をあげたという。晴れ姿を楽しみにしていた本番はさんざん。先生から「集団生活になじめない子ですね」と言われてしまい、外遊びが雨で中止になるとパニックを起こすなどの入園以来の突飛な行動を伝えられ、園から「療育機関」を紹介された時には、崖から突き落とされたような気になった、という。そう言えばと思い出せば、父も音に神経質で、家での仕事中は無音のヘッドホンを外さなかった。奇妙なことをする人だとしか思わなかったが、この子の几帳面さも、突然のかんしゃくも、父に似ているのではと思い始めると、不安で不安でしょうがない。

調停ではなかなか本心を明かさない人も、家に行くと、こころの緊張を解いて、自分の素直な気持ちを語り始めることが多い。

……調停では、子が幼稚園で問題だと言われたなどと言おうものなら、育て方が悪い、親権をよこせと言われそうで、とてもこんな話はできなかった。面会交流が怖かったのは、「もし父親に会わせて、この子もあの人のようになったらどうしよう」と不安だったから……と母の述懐は続いた。

子の図鑑

しばらくして行われた試行的面会交流では、母との打ち合わせどおり、児童室のおもちゃを減らし、母がホワイトボードに時計の絵を描いて予定を伝えると、子はパニックを起こさなかった。入室してきた父の姿を見て、最初こそ一瞬立ちすくんだが、その後は終始機嫌よく父と過ごした。父と向かい合って相撲をとり、床に転がされると大きな笑い声をあげ、何度も父に飛びついては「もういっぺん！」とせがんだ。最後に、子が肌身離さず持ち歩いている昆虫図鑑を二人で額をくっつけ合ってのぞき込む様子をモニター室で見守る母の肩から力が抜けていった。

「あの人も同じ問題をもってるのに、立派な大学を出て、苦労して頑張ったのかもしれません」とつぶやく母に、おもちゃを減らしたこと、時計の絵を描いたことは、発達障害に対する療育手法のアレンジであることを伝えると、母もうなずきながら聞いていた。

さて、父の持参した例の条項を調停でどう扱うか、という最初の問題に戻る。父は、子に会えたあとは「四八時間」を口にしなくなったが、このタイプの人にとっては、冒頭に挙げた家裁でよく使われる文言は、あいまいすぎて不安であるらしい。「最初から時間を決めてしまうと、子どもさんと遊べるようになってから、増やしたくても簡単に増やせないから」という説明に、父もようやくうなずき、条項案をカバンにしまったが、約束はできるだけ毎回定まった形で決めたほうがよさそうであった。

結局、子が何度行っても喜ぶが、母はすでに食傷気味だという科学館で、毎月第三土曜日、昼食をはさんで半日一緒に過ごす、という約束ができた。四八時間には遠く及ばなくても、昆虫標本の前や、蝶が飛び交う温室の中で父と一緒に過ごす半日は、もっと豊かで濃い時間になるだろうと思う。

5 ケースウォーカー——子の監護者の指定

空気を読む

どんな家にも、家それぞれの空気がある。

当事者や少年の家に行く調査が好きだ。家庭訪問調査では、見るべきポイントはいろいろあるが、努めて五感をフリーにし、入ってくるものを受け止める。面接室で話を聞くだけではわからない、当事者や少年が生活している場所に足を運んで初めて感じ取れるものを大切にしたいと思うからである。「予定を決めて調査官が家庭訪問なんかしたって、実際のところは見えないだろう。抜き打ちで行かなきゃ」と言われることもあるが、ところがどうして、面接で得られる情報よりも、家庭訪問で得られる情報量は桁違いに多い。

調査官はその昔、ケースワーカーをもじって「ケースウォーカー」と呼ばれていた。まず現場に足を運べという教えが込められている気がして、個人的にはとても好きな言葉である。

あるものを見る

三歳の男の子を連れて家から逃げ出した妻がいた。数ヵ月後、妻から家庭裁判所に離婚調停の申立てが出されると、すぐさま、夫からも「子の監護者の指定」「子の引渡し」「保全処分」の申立てがあった。家裁の事件にも慣れているらしい夫側の弁護士が作った申立書には、もともと夫婦は建築業を営む夫の両親と同居していたこと、家業を継ぐ予定の夫は経済的に余裕があって仕事時間にも融通が利き、さらに監護補助者の祖父母は健康で愛情深い、と要領よく記載されてある。何よりも、アジア系外国人である妻が、身寄りもない日本で子を育てられるわけがない。母子の面会交流には十分応じるつもりだから、早急に夫のもとに子を戻せ、というのが結びの言葉であった。

早速開かれた審問に妻も出てきたが、伏し目がちに「子は自分が育てたい。母親だから」としか言わない。子の監護に関する陳述書には誤字も目立ち、文章のてにをはすら怪しい。正直なところ、私は審問に立ち会いながら、内心、この妻が日本で、一人で子を育てていけるだろうか、協議もなく家を飛び出しただけならともかく、妻の生活基盤によっては、子を返せという話になるかもしれないと思っていた。

家庭訪問がある調査では、調査官の目は複数のほうがよい。この件は、まだ若い駆け出しの男性調査官と共同調査で担当することになった。

妻は留学生として来日して五年。調査での受け答えを見る限り、日本語での会話に不自由はないようだが、婚姻生活を詳しくは語らない。後輩調査官と一緒に、妻が借りた部屋を見にいく。古びたマンションだが、中は意外に広く、新しくリフォームされた部屋は日当たりもよい。子は部屋の中を元気に飛び跳ねている。「お兄ちゃん、遊ぼう」と後輩の手を引き、部屋の隅から遊び道具を引っ張り出してきて二人で遊び始める。いつの間にか遊びは海賊ごっことなり、サメ役になった後輩は何度も子どもに襲いかかるふりをやらされてヘトヘトになっている。

その間、私は妻と話をしながら、あまり詮索がましい視線にならないように、ゆっくりと部屋の中を見回す。家の中の小物は見るからに一〇〇円ショップで買い揃えたものだし、絵本にも図書館のシールが貼ってあるが、台所の調理用具や食材を見れば、普段の食事内容は想像がつく。冷蔵庫に貼られた保育園からの通知には、丁寧な字で漢字にふりがなが振ってある。本棚の本に中国語が多いことに気づいて妻に聞くと、妻は初めて誇らしげに、「わたし、中国語も話せる。日本語より上手よ。中国語を話せたら、今、どこでもすぐに雇ってもらえる」と、人気ブランドの名前を挙げた。先週から正社員として働いているという。そう言えば、妻の経歴書に来日前に中国に二年間留学、とだけ書かれていたのを思い出した。当時、中国人観光客の「爆買い」がニュースになり始めていた。なるほど、母国語以外に日本語と中国語を話せるならば、働き場所には困らないはずだ。日本語はつたなく聞こえても、祖国では相当なエリートなのではないか。

「どうして家を出たの？」

「わたし、あの家ではママじゃない」

それはどういう意味か。

帰り道、後輩が言う。

「あの子ね、よく遊んでもらってますよ。遊び道具、金はかかってないけど、手作りばっかり。ママは何でも作れるって自慢してました」

「いいところ見てるねえ」

そこにないものを見る

翌週は夫の家を訪れた。通されたリビングでは、大きな革張りのソファに祖父母と夫がどっかりと並んで座っている。夫の家での子の様子も見るために、調査の前後だけという約束で子を夫の家に預けてもらったはずだがと周囲を見回すと、子はゲームを手に大型テレビの前に座り込んでいた。チラリと私たちを見るが、またゲームに没頭し始める。これが先週と同じ子？と思うそっけなさで、祖母が子の名前を呼んでもゲーム機を離そうとしない。

まず目を引いたのは、サイドボード上にズラリと並んだ写真立てであった。中は祖父母と子の写真ばかり。妻の写真は片づけたのかと聞くと、祖母は驚いたように「何も変えてませんよ」と言う。

同居中の子のことを聞いても、張り切って答えるのはすべて祖母。父は子のオムツが取れたのがいつかすら覚えていない。

祖父も「跡取りの孫」を連発し、「われわれもまだ若いし、十分、孫を育てられます。嫁だって、身軽になって国に帰ったほうが本人のためだ。調査官さんだってそう思うでしょう？」と悠然と笑う。

テレビから離れない子を置いて、父に家の中を案内してもらう。若夫婦し子の部屋だと言われた部屋には、ベッドのほかに、大きなプロジェクタに一人がけのリクライニングソファ、棚にはズラリと映画やシリーズもののアニメのＤＶＤ。まるで独身男性の趣味の部屋である。ＤＶＤの量に驚く私たちの視線に気づいたのか、夫は「学生時代に集めたものですよ。今は仕事が忙しくて」と頭をかいた。

しかし、家の中に、妻の持ち物はほとんど見あたらない。夫が開けて見せたクローゼットの中には、プラスチックの三段ケース二つに収納された子と妻の衣類が残っているだけだった。

「奥さんは何か荷物を持ち出しましたか？」

「さあ、服くらいかな。あいつはだいたい思いつきで行動するから」

しかし、だとしたら、この家に妻の安らげる居場所はあったのか。高圧的で尊大な父母、子が生まれても独身時代からの生活を変えようとしない夫。妻はどんな気持ちでこの家での生活を送っていたのか。

また帰り道、後輩は言う。

「あれ、学生時代のだなんて嘘ですよ。あのアニメ、先月出た限定版まで全部揃ってました」

「何でも知ってるねえ、キミは」

あったかもしれないこと

家裁に戻り、改めて後輩と二人で記録を読み返す。

「日本語の文章だけで生活力もないと思い込んでましたよね」と後輩。

「でもさ、たとえば自分が外国に行って何年か生活したと想像してごらん？　裁判所でその国の言葉で言いたいことを主張できるかなって」

「無理ですねえ」

「うん、私も無理。えらいよ、彼女は」

収入が確保されていて社会にも溶け込み、子の監護に問題がなければ、出生以来の主たる監護者から子を引き離す理由はない。妻を監護者とすべきとする報告書を提出すると、夫もしぶしぶ納得し、事件は調停に付されてその方向で協議は進んだ。妻も面会交流に応じることに異論はなく、合意は間近かと思っていたが、最後に意外な点でもめた。妻が「面会交流は夫宅以外の場所で実施したい。祖父母を連れてこず、夫だけで子に会ってほしい」という点だけは絶対に譲らなかったからである。その条件を伝えられた夫は顔色を変え、長い間待合室で祖父母と話し込んでいた。「まず夫が会うところから始めればいいじゃないですか」と不思議がったのが調停委員、「あんなに孫を可愛がる祖父母なのに、何がそんなにいやなんですかね」と不思議がったのが夫側の弁護士であった。

一方、後輩は妻が条件に込めた意味にピンときたようである。

「それって、あの部屋から出ろってことですかね」

「そうね。父親になれってことだよね」

父になり切れなかった夫に、妻のメッセージは届くだろうか。

6

精霊船——子の引渡し

海の見える町で

よく知られていることだが、調査官には異動がつきものだ。毎年春が近くなると、職場はザワザワと落ち着かなくなる。転居を伴う場合、仕事だけではなく生活そのものも一変するのでなかなか大変ではあるが、お祭り気分で乗り切ると決めている。

毎年、異動時期になると思い出す事件がある。若い頃、私が小さな港町に転勤して初めての夏に担当した事件だ。

その年の春、協議離婚が成立して、母は都会から地方の実家に小学生の兄弟を連れて戻ってきた。

父からはすぐにでも子どもに会わせろと言われていたが、離婚したばかりで経済的なゆとりはなく、新しい職場は意外に忙しくて週末の出勤もたびたび、交通費も安くはないし、子どもだって新しい学校に慣れてからのほうがいいだろうと思って返事をはぐらかすうち、すぐ数ヵ月が過ぎた。

父から「面会交流」調停の申立てがあったと家庭裁判所から呼出しがあり、呼出状に添えられた申立書のコピーに「協議してもまったく応じない」とあるのを見た時には、何もまったく会わせないとは言ってない、と相当ムッとした。

初回の調停で、面会交流について話し合い、とりあえず一度、兄弟を夏休みに父の家に泊まりに行かせることにしたのはいい。二泊三日の予定が「夏祭りに行きたいと言っているから」と言って延び、「夏休み中、前の学校の友達と遊びたいと言っているから」とズルズル留め置き、八月に入って、父が「二学期からこっちの学校に戻りたいと言うから転校させる」と言うに及び、母は「子の引渡し」「保全処分」の申立てをした。

父の言い分もある。離婚の時には、親権者というのは普通母親がなるものだろうと深く考えず、母を親権者にした。母の実家で暮らすという話も、都会育ちでひ弱なところのある兄弟には田舎暮らしもいい経験かもと思っていた。ところが、夏休みに兄弟の話を聞くと、母はほとんど子を遊びに連れ出していないようだし、周りは山と田ばかりで遊ぶ場所などないという。まだ手のかかる子どもだと思っていた兄弟が、父の留守中に洗濯物を取り込み、たたんでくれていたのには涙が出た。一念発起して、自分が子育てをしてもいい気になってきた。職場にはシングルマザーの同僚もいる。彼女にできることが、自分にできないわけがない。何より、初めて自分を頼ってくれた息子たちを、父親として裏切れるものか……。

ただ、家裁から見れば、面会交流の機会に乗じての実力行使は明らかなルール違反である。担当裁判官も「これはまず戻せというケースだね」と判断に迷う様子はないが、子どもがからむ以上、任意の引渡しを目指しつつ急いで調査をしましょうか、ということになった。

ビル街を抜けて

「お盆しか休みが取れない」という父の予定に合わせ、父宅を訪問したのはお盆の最中だった。家族がこの春まで暮らしていたマンションは、再開発されたばかりのビル街の先にあった。見上げるようなオフィスビルへの道は閑散としていて、磨き上げられた人工石の床にやけに足音が大きく響いた。ビル街の先は庶民的な住宅街で、目的地はその中にある古いマンションの一室であった。

兄弟はちんまりとリビングで座っていた。食卓の上は雑然としていて端には薄く埃が積もり、カーテンも閉まったままで採光も悪い。弟は足をソファに投げ上げ、挨拶もそこそこに小さなゲーム機の画面に没頭している。父も弟をたしなめるでもなく、弾まない雑談のあと、父には席を外してもらい、さて、と兄弟と話を始める。

「夏休みはこっちにいたいと言ったんだって？　どうしてか教えてくれる？」

「……ゲーセンがないなんて信じられん」と兄がムスッとした表情で口を開いた。弟も起き上がり「コンビニもないしさあ」と口をとがらせる。

「お父さんのご飯はどう？　おいしい？　昼間は何して過ごしてるの？　あなたたちが洗濯物たたんでくれてたってお父さんがほめてたよ」などと話をしているうちに、弟がいたずらっぽい目で、ソファの後ろの開き戸を後ろ手でスーッと開けて見せた。戸の隙間から見えた和室には、慌てて押し込んだと思しき、たたんでいない洗濯物や段ボール箱が山のように積み重なっていた。子の言葉に張り切っている父には申し訳ないが、父の家事能力には黄信号といったところである。

「お父さんとどんな話をしたかな？　これからどうなるといい？」と話を進める。

友達と遊んだ日、「またすぐ遊びたいなー」と言ったら、父に「こっちの学校に戻りたいだろう？」と聞かれ、「うん」と言ったのは本当だが、食事が出前やピザばかりなのにはちょっと飽きてきた。兄は、母の家に置いたままの夏休みの宿題が気になるし、弟は「ママのカレー食べたくなった、かも」という。母の実家がいやなわけではない。友達だってできた。でも休みの日、母が仕事に行ってしまうと、どこにも行けない。友達の家はみんな遠いし、じいちゃんばあちゃんとは何だか話が通じないんだよなー……。

再び、海岸で

私も二時間特急に揺られ、また海べりの町に戻ってくる。駅はもう夕闇の中だった。その晩、海沿いの道に出ると、普段は真っ暗な海岸に煌々と明かりがつき、人が群がっていた。明かりを灯したろうそくをのせたわら作りの大きな船を、いくつもいくつも海に流そうとしているようだ。船はゆらゆらと波に漂い、沖に流されていく。

今思い返しても、その時、音がしていたかどうかまったく思い出せないのだが、まるで民話のような静かな光景に、声もなく見入ったことを覚えている。昼間のビル街から、まるで軽く数十年はタイムスリップしたようで、そのギャップに圧倒されていた。

その時、何となくわかったつもりでいた兄弟の気持ちが、ふいにカチリと理解できたような気がした。母には生まれ育った田舎でも、子にとっては未知の環境だ。ゲームセンターもない、商店街もない、通学路はひたすら続く畑の中。まさにタイムスリップで放り出されたような気になったのではないだろうか。口をとがらせていた子どもたちに、四ヵ月前、この町に来て、デパートがない、映画館がないと不満を言っていた自分の姿が重なって見えた。

こんな仕事をしていると、この海岸での一瞬のように「当事者の気持ちが、ふと理解できる瞬間」がふいに訪れることがある。何かパズルのピースがはまったように、あっ、これか、と共感的に理解できるという感じである。

調査官に限らず対人援助職というものは、自分の人生を使って仕事をするというが、引越をはじめとして、結婚、出産、親の老いといった個人的な経験を重ねるほど、当事者の立場や気持ちを説明抜きで理解できることも増えていく気がする。もちろん、調査官が全員元非行少年だったり、離婚を経験したりする必要まではなく、それはあくまでも推測の延長でしかないこともわかってはいるのだが、大変な時ほど、これで理解できることも増えるかもと思って、ちょっとだけ頑張ることにしている。

結局、夏休みを数日残して兄弟は二人で電車に乗り、母のもとに帰ってきた。父に、子の意思もともかく、今の親権者は母であり、父宅での生活が明らかに母方よりも整っていると見られなければ、親権者の変更は難しいという説明をしたのが効いたのか、兄弟が帰りたいと言ったのか、それはわからない。

夏休み明けに開かれた面会交流の調停期日、母は「宿題のドリルを向こうでやると言うから送ってやったのに、全然手つかずで持って帰ってきて、親子三人で大変だったんですよ」と笑った。母は勤務先に掛け合い、土曜日に仕事を入れるのをやめたという。憮然とした表情の父も、決して大変だったとは言わなかったが、長期の休みごとに兄弟が少し長めに父宅に泊まりに行くことで調停が成立すると、ホッとした表情になったような気がした。

7 秘密の小部屋——面会交流

魔法のことば

私の勤める家庭裁判所には、普段使わないフロアの奥まった場所にひっそりと小さな部屋がある。ドアを開けると、カラフルな色が目に飛び込んでくる。ブロック、ぬいぐるみ、ままごとセット。テーブルの上にあるのはワニのおもちゃだ。歯を順に押すと、どこかでガチャンと口が閉じるシンプルな構造だが、不思議なほど子どもにウケる。

ここは児童室（庁によっては「家族面接室」という名称のこともある）。調査官が面会交流の支援や子の調査を行う部屋だ。

「精神科において病棟は最大かつほとんど唯一の治療用具だ」というのは中井久夫の言葉だが、児童室に関しても私は同様の感触をもっている。児童室での試行的面会交流を経ると、当事者の主張が一転して調停が解決に向かうことも多く、調停委員から「どんな魔法を使ったのか」と驚かれたりもする。魔法ではないが、強いて言えば事前に十分なオリエンテーションを行う。

試行場面での振る舞いについては「子の前で相手を無視したり攻撃しない」「子を質問攻めにしない」「感情的な態度は見せない」など、具体的な行動を挙げ、その意味や目的も踏まえて助言する。ただし、必ずしもそのとおりに振る舞おうとする当事者ばかりではない。

協力なんかできるか！

この日やってきたのは三歳の女の子。児童室に入った時には緊張顔で母の手を握っていたが、私がワニの口を向けて歯を押し、ガチャンと手を挟まれて見せると「キャー」と驚く。おそるおそる自分も小さな手を出し、母と交互に歯を押して笑い声をあげる。雲行きが怪しくなったのは父の入室からだ。長身でスーツ姿の父は入室するなり、母には目もくれず子に突進した。

「パパだよ、覚えてる？」

固まる子。

「覚えてない？　ほら、パパとパンダ公園行ったでしょう？　誕生日にパパが何買ってあげたか覚えてる？　おとなしいなあ、なんで遊ばないの」

子は母を見上げ、母は父の勢いに気圧されつつ、かろうじて「パパと遊ぼう」と子にワニを差し出すが、子はジリジリと母の後ろに隠れてしまう。父は母を押しのけて強引に子を抱き寄せて「パパにチューして」と言い、子は身を反らしながらも父の頬に口をつける。母は顔を背けて、子を遊びにうながすのをやめてしまい、父がしきりに子に甘い声で話しかけるのを黙って聞くだけだ。母が退室の合図で立ち上がると、子はぐずり出して母にしがみつく。父は慌てて子を引き戻し、「パパがぞうさんのお歌うたってあげたでしょう、一緒に歌って」と調子外れの声で歌い始めるが、子のぐずり声はますます高くなる。先輩の男性調査官が遊びに誘って子を笑わせ、もうしばらく遊んでから再度母を退室させた。父はますます勢いづき、子は五分もしないうち「ママは、ママは」と半ベソをかき、ドアを開けて母を追いかけようとする。

父が不機嫌さを隠そうともせず「パパと遊んじゃダメって、ママが言ったの？　意地悪なママだねえ」と当てこすりを言い始めるに及び「今日は二人では無理ですね」と、先輩に目配せして父を部屋から連れ出してもらわざるをえなかった。

試行の終了後、先輩は言う。

「お父さん、部屋から出たら『邪魔な母親抜きでちゃんと遊んでない。そこの公園なら娘も喜ぶから外に行かせろ』って無理やり部屋に戻ろうとするんだよ。『試行のルールはオリエンテーションで聞いたでしょう』って止めたら『こっちは娘を誘拐された被害者なんだ。自分の娘とどう会おうが、他人に強制される謂われはない』って怒ってね。『強制じゃないですよ。オリエンテーションを聞いて、どう振る舞うかはあなたの選択だから、その結果もあなたの選択ですよ』と言ったら、今度は『もう娘に会えないのか』って急にオロオロしてたよ」

腹は立つけど

一ヵ月後の児童室。別の事件だが、この日も三歳の女の子だ。父は入室すると、母に「今日はありがとう」と声をかけ、母子がワニで遊ぶのを見守っている。小太りの父は腰をかがめたまま遊びに入らず、子もチラチラと父を見るが、緊張が解けないなと思っていたその時、母が子に「何キンチョーしてんの？　パパ、相変わらず太ってるやんか！」とあっけらかんと言い放った。

子は「ほんまや」と吹き出して父の腹をつつき、父もやっと笑顔になった。母が父にワニを差し出し、父が手を挟まれて「イタタタ」とおどけて見せると子も母も笑った。子は徐々に緊張がほぐれた様子でままごとセットを引っ張り出し、母の退室時には一瞬双方を見比べたが、「パパにご飯作ってあげてや！」という母の言葉に、ウンとうなずいて遊び続けた。

それでも最初のうちは子のままごと遊びを父が見守るだけだったが、子が野菜をかごに詰め込み「遠足でお弁当だったー」と独り言を言ったのに対し、父が「ママのお弁当おいしいもんなあ」と言った途端、子の顔がパッと輝いた。

「誕生日、ママがケーキ焼いてくれたよ！　お手伝いしたもん！」

「えらいなあ」

「イチゴいっぱい！」

その後は堰を切ったような子のおしゃべりと二人のままごとが続いた。

終了間際、母にうながされて子はリュックから「ぱぱ」と父の顔を描いた画用紙を取り出して父に渡した。父の表情が何かをかみ殺しているようだと思ったのは子がバイバイと盛大に手を振っている時だったが、部屋から走り出ていった父を先輩が追いかけると、父は廊下の隅で絵を握りしめて泣いていたという。

夫婦から父母へ

どちらも別居から半年ぶりの再会、母が父の精神的な暴力を理由に離婚と親権を主張して、父がそれを拒んでいることは同じ。育児は母親任せだったものの、同居中の父子関係に極端な問題はなかったことも大差ない。事前に調査官が子に会いに行った時の子の様子は、どちらも健康な三歳児といった感じだった。

なのにこれほど結果に差があるのは、父母が児童室で行われる試行の意味や、調査官がオリエンテーションで示す「望ましい行動」の意味をどう理解しているかによるところが大きい。児童室で、端的に言えば当事者は「どこまでも夫婦として争うか、今後は父母としての協力関係を作るのか」という選択を迫られる。父母が協力関係になったことを子にわかってもらうために実際どう振る舞えばよいかということを、場面に即した具体的な行動として伝えるのが、試行的面会交流に先立って行われるオリエンテーションでの説明だ。もちろん中には、子を勝手に連れ出した妻を許せないとか、夫の顔も見たくないといった理由で協力関係になどなれないという当事者もいる。しかし多くの場合、実際に両親が助言どおり振る舞った場合の子の笑顔は、両親が協力関係になることの必要性を、どれほど多くの言葉を尽くすよりも効果的に気づかせてくれる。試行のあとで当事者の主張が一転して解決に向かうことがあるのはおそらくそのためで、子どものもつ力を実感するのはこんな時だ。

この調査では調査官相互のチームワークも欠かせない。一人ではフォローし切れない当事者や子の動き、表情をもれなく観察するのはもとより、目配せ一つで突発事態への対応を任せられるのは、事前の入念な打ち合わせと、チームとしての安心感あってこそだ。

二つの事案のその後の展開は、後日母が出した二通の陳述書を読めば容易に想像してもらえるだろう。

「今回の試行で、夫の自己中心性は何一つ変わってないとよくわかりました。娘が可愛い・大事と言いながら、毎日娘を育てている私の苦労には無関心、娘が自分になつかなければ私のせい。改めて強く離婚を決心しました。父親には変わりないので面会には応じますが、半年に一回、一時間を上限でお願いします」

「お互い感情的な言葉もぶつけ合い、私の気持ちはもう戻りません。でも娘には優しい父親だったことも思い出しました。娘は最近、私が弁当を作るたびに『パパ、ママのお弁当おいしいって言ったねえ』と言います。面会交流には定期的に応じます。家裁以外の場所でも娘が楽しく会えるよう、私も方法や場所を考えます」

今日は六歳と四歳の兄弟がやってくる予定だ。誰もいない児童室に入ると、テーブルの上のワニが守り神のようにも見えてくる。

さあ、今日も秘密の小部屋のドアが開く。

8 ウェブはじめました——親権者変更

令和の家裁から

調停や調査の姿が、大きく変わりつつある。

令和三（二〇二一）年度以降、全国の家裁で「ウェブ会議システムを用いた家事調停」、通称「ウェブ調停」が導入され始めており、遅くとも令和六（二〇二四）年度中にはすべての本庁支部でウェブ調停が可能になる。

裁判所というのは、基本的にアナログな組織だ。これまで事件記録はすべて紙で管理されてきたし、家事調停も当事者本人または代理人弁護士の出頭が必須で、中でも離婚の成立には原則として本人が裁判所に足を運ぶ必要があった。平成二五（二〇一三）年以降、電話による調停も一部導入されていたが、声だけのやりとりでは限界もあったのに対して、ウェブ調停では、裁判所外の場所から当事者と調停委員が互いの顔を見て対話ができることになり、調停の運用は大きく変わることになる。現在はまだ代理人が選任されている事件での導入が中心だが、調査官の調査においても順次ウェブ調査が導入されている（対象には一部限りがある）。

導入を控えた調停委員の研修では、年配者の多い調停委員がウェブシステムを使いこなせるか、オンラインでの対話になじめるかと一抹の不安があったが、「コロナで大変だった時に、遠くにいる孫とＺｏｏｍで話をしてねえ」と目を細めながら手慣れた様子でシステムを操る委員もいて、ウェブ調停は予想以上にスムーズに開始された。

制度が始まると、暴力の危険がある事案において裁判所で鉢合わせの心配をしなくてよいとか、移動時間が不要になるなど、当事者にとってのメリットは大きく、裁判所から目と鼻の先に事務所がある代理人弁護士からもウェブ調停の希望が出されたりする一方で、「こんな大事なことは、どうしても実際に会って調停委員に聞いてもらいたい」と相変わらず遠方からやってくる当事者もいる。

オンラインを介した意思疎通のあり方が私たちの生活の中にすっかり定着していたことは、明らかにコロナ禍によってもたらされた劇的な変化の一つであって、あの息苦しかった日々は無駄ではなかったのだろうかと思ったりもする。

調停に来ませんか？

話は変わるが、調査官が受ける調査命令の一つに「出頭勧告」がある。調停に出てこない当事者に対して、書記官が送る通常の期日通知書と異なり、期日間に調査官が個別調査の呼出状や照会書を送り、調停への出頭を働きかける、というものだ。

調停の期日通知書を受け取っていて来ないのだから、何度手紙を送っても同じだろうと思われるかもしれないが、意外に反応がある。

不出頭を続ける相手方の多くは、調停があることを知っているが、何か感情的な理由で出頭を拒んでいる。申立人のペースで離婚話が進むのが許せないとか、勝手なことばかり主張する申立人に対して婚姻費用や養育費を支払わされるのが癪《しゃく》だとか。

出頭勧告の書面（照会書を兼ねていることが多い）では、調停に来る気はありますか？　この申立てについて、あなたはどんな気持ちですか？　と問いつつ、このまま不出頭を続けた場合にはどのような展開が予想されるか、という情報を提供し、ついては期日間に個別にお話をお聞きしたいので、この日に裁判所に来てください、と結ぶ。最終的に調停に応じるかどうかは当事者本人の選択であるが、その判断のために必要な情報をわかりやすく提供するのも出頭勧告における調査官の大事な役割だ。もちろん、この書面すらも黙殺されることもあるが、強い筆跡で、申立人に対する憤りや怒りをぶつけた照会書が返送されてきて、それが突破口になることも多い。

ただ、調査官が当事者に送る手紙は、プライバシー保護のため、基本的には家庭裁判所という組織名を書かず、裁判所の住所と、調査官の個人名だけが書かれた茶封筒に入れて送る。察しのいい人なら、家裁からの書面だとわかるかもしれないが、そうでない場合、呼出しに気づかないという人もいる。

「これでは封筒を開けてももらえない」と言って、筆ペンを取り出して封筒にでかでかと筆文字で宛名を書き、極太のマジックで「重要」と朱書きした若手がいた。できあがった封書はまるで決闘の果たし状か借金の取立書かといった雰囲気で、周囲は笑ったが、果たしてその当事者は調査官に連絡を取ってきた。

壊れた自転車

ずいぶん昔のことだが、出頭勧告で当事者の家まで出かけていったことがある。

母親と小学校低学年の子ども二人が生活している家だった。離婚した父親から、母のネグレクト（養育放棄）を理由とした親権者変更の申立てがあったが、二回目の調停まで呼出状には何の反応もなく、書記官が申立書に書かれている電話番号に電話をしたが、アナウンスでは電話自体が止められている様子だということだった。父の話では、離婚後しばらく実施されていた面会交流は一方的に拒絶されるようになり、児童相談所が関わっているようだが詳細は教えてもらえない、父の再婚相手も子らを引き取ることに賛成しているという。

出頭勧告の命令を受け、だいぶ丁寧な説明を加えた照会書を兼ねた調査の呼出状を送ってみたが、反応はなかった。「もし来なければ、こちらが家まで行く」という二通目の書面にも反応はなく、家まで足を運ぶことにした。

その住所は安アパートの一階で、玄関先にはゴミ袋が積まれ、壊れて埃をかぶった子ども用の自転車が停めてあった。インターホンを鳴らし、家の中に呼びかけても答えはなかった。母と話すなら、できれば子どものいない時間帯をと狙って午後の早い時間に訪問したつもりだったが、その自転車を見ていると、このまま帰れない気持ちになった。アパートから少し離れた公園のベンチに腰を据え、小学生が下校し始める時間を待った。お目当ての家に赤いランドセルを背負った子どもが入っていくのが見えた。

今だ、と思って再度インターホンを鳴らした。中から子どもの声が答え、「お母さんと話をしたいんだけど」と呼びかけると、ずいぶん長い沈黙のあと、不機嫌そうな女性の声の応答があり、扉を開けてぬっとジャージ姿の母が玄関先に現れた。髪はひどい寝ぐせで、ずいぶん顔色が悪かった。家の中にもゴミ袋が積み重なっていて、その向こうに子どもの頭が見えた。

私が名乗ると母は眠そうな顔で「家の中ではちょっと」と言うので、部屋の外に出てきてもらって話をすることにした。玄関のたたきには、私が以前送った呼出状の封筒が宅配ピザのチラシに混ざってそのまま踏みつけられていた。

母が「ここなら誰も来ない」と言う、アパートの敷地と隣の家を隔てる低いブロック塀に二人で腰かけて、話をした。

申立ての内容が親権者変更であることを伝えても、母は表情を変えず、抑揚のない声で、数年前に精神を病んでから生活保護を受けていると話した。面会交流を拒むようになったのは、離婚後すぐから父の交際相手が面会に同行していたことがわかり、離婚前から裏切られていたことがわかったからだが、それ以来父から養育費は支払われなくなり、連絡も途絶えたという。最後は、金は一円もいらないから関わらないでほしい、だから父と話し合うことなどない、と吐き捨てるような口調になった。

母の住所を知っているはずの父が、これまで子らの様子を見にも来ないまま家裁に調停だけを申し立てた不自然さにそこで初めて気がついた私も未熟だったと思う。

しかし、ここで母をつなぎとめないと二度と接触ができないような気がして、私も必死になって、調査官としての私が報告できるのは母が調停に出てこない理由だけであって、私は母の代理人ではないのだから、母がこれからも子どもたちと暮らしていきたいのなら、母自身が調停に出てきて、きちんと子どもを育てられることを主張する必要があると食い下がった。母はようやく「ほな行くわ」と、面倒くさそうに調停の呼出状を受け取った。

母との話が終わった様子を察してか、子どもたちが私に近づいてきて、私に「せんせー、ジソウの人?」と聞いてきた。嘘は言えないと思い、努めて明るい口調で「ううん。サイバンショの人なの。君らが元気にしてるか見にきたんだ」と答えると、子どもたちは「じゃあ遊ぼう」と私の手を引いた。アパートの前の空き地で、ずいぶん長い時間、縄跳びや「だるまさんがころんだ」に付き合った。母は壁にもたれてタバコをふかしながら、遊びに加わるでもなく、子どもたちに声をかけるでもなく、表情の読めない目で私たちを見ていた。

その次の回、母はスーツを着て調停に現れた。肩パッドが変に大きい、流行遅れのスーツが、母が社会と途切れてからの時間の長さと、裁判所に来ることのハードルの高さを思わせた。

その後も調停は必ずしも順調には進まなかったが、あの出頭勧告が一つの転機であったことは間違いないだろうと思う。

親権者変更を求めていた父が、実際には再婚相手に相談もなく申立てをしていたことがわかったり、面会交流ができれば申立てを取り下げてもよいと態度を軟化させたりもしたが、いわばいきなり「子どもをよこせ」と言われた母がすんなり面会に応じるはずもなかった。

福祉の現場に長くいたという調停委員は、毎回さりげない口調で母に「眠れてる？　食欲は？」と尋ね、母は相変わらずぶっきらぼうな口調でそれに答えていた。母は、公的な家事支援のサービスを受けるようになって、家のゴミも片づいていき、それにつれてこざっぱりした服装で現れるようになった。

変わるもの、変わらないもの

制度も法律も、何かが変われば混乱や戸惑いが起きるのは当然だ。

実は、ウェブ調停の導入当初、オンラインによる意思疎通の質は対面と比べて違うのか、という議論があった。

実際に体験してみて「別に変わらない」と言う人もいる。一方で、あの出頭勧告で母が調停に現れたのは、直接顔を合わせて話せたからこそ伝わった何かがあったからだろうとも思う。オンラインによる意思疎通の質に対面と少々違うところがあるとしても、調停や調査が人間と人間の対話である以上、互いに「伝えたい」「わかりたい」という気持ちがあれば、筆文字の宛名書きのように、それを補う方法もきっと見つかるだろう。

いずれにせよ、当事者が安心して調停に参加できる選択肢が一つでも増えるのはいいことだ。

だから、自信をもって掲げる。

「家庭裁判所、ウェブはじめました」

チーム裁判所——裁判所の中の人たち

「あなたは家裁調査官を知っていますか?」

家裁調査官って、世の中にあまり知られていません。

裁判所の職員の中でも、裁判官はニュースで法廷の映像が流れるので、法壇の上で黒い服を着ている人、書記官はその下にいて記録を取っている人と説明ができます。しかし、調査官に関しては、何しろ全国で約一六〇〇人しかいない少数職種であるうえ、家裁の事件は基本的に非公開なので、その姿をニュースで見ることもありません。

自分自身や身近な人が調査官の調査を受けたことがあるという人でも、家裁調査官という存在は知っていても、仕事の内容、ましてや職場環境など実際のところは知らないという読者の方がほとんどではないかと思います。

この本を手に取ったことをきっかけに、家裁調査官について興味をもってくださったあなたのために、このコラムでは、家裁の業務説明会やワークショップで学生さんからよく聞かれるQ&Aをイメージしながら、調査官の仕事とその周辺について紹介していきます。

Q 家庭裁判所では、調査官以外にどんな人が働いているんですか？

A

当たり前のことですが、調査官は、調査官だけで仕事をしているわけではありません。裁判所はさまざまな職種の職員が集まって成り立っている職場で、すべての事件は各職種の連携により処理されていきます。「チーム裁判所」と言ったりしますが、裁判所で働いている人たちの主な職種と、その役割の違いを簡単に紹介しましょう。

●裁判官

裁判所に持ち込まれるあらゆる事件の最終判断者であり、訴訟指揮権者です。調査官の調査は基本的にすべて裁判官からの「調査命令」によって始まり、その命令に対する調査報告を提出することで完了します。調査の受命タイミングや内容、方針については常に裁判官とカンファレンスをしながら進めます。裁判官は、チーム裁判所のキャプテンであり、監督です。

黒い法服は、「何色にも染まらない」という裁判官の独立性を示しますが、家裁では固い雰囲気になってしまうので、多くの場合、法服は着ていません。また、よくイラストやゲームの中で木槌を持っているのは、アメリカの裁判所で木槌が使われていることからの誤解で、日本の裁判官は木槌を持っていません。

●書記官

裁判所に持ち込まれる事件の進行を管理します。進行管理とは、申し立てられた事件記録の審査、期日指定、当事者から提出される主張、証拠がきちんと相手に送達されているか、最終的な調停調書や審判書の作成、交付といった手続の進行に関わるあらゆる場面に及びます。

「公証官」でもあり、裁判官の作成する審判や判決、調停調書は、書記官が公証することによって、初めて法的な効果を与えられます。裁判官の右腕として、裁判手続きを支える存在です。裁判官と同様に、事件進行については書記官ともカンファレンスをしながら進めることになります。

調査官と違って、地裁での勤務経験が長い人も多いので、とにかく法律に詳しく、頼りになります。チーム裁判所の中では、監督を支える優秀コーチといったところです。

裁判所職員採用試験で事務官として採用されたあと、内部試験である書記官試験に合格し、裁判所職員総合研修所での研修を経て書記官資格を得ることになります。

●事務官

主に裁判所の事務方の部署（総務課、会計課など）において、組織の運営を支えます。高裁、最高裁といった裁判所の事務局にいるのも事務官です。

採用などの人事管理、休暇等の勤務時間管理、給与や出張の際の旅費支給をはじめ、研修準備や物品請求に至るまで、裁判所のいわゆるロジ面を支える業務が事務官の担当です。

裁判所職員採用試験で事務官として採用されたあと、事務官から書記官になっていく人もいるし、書記官試験を受けず、ずっと事務官として勤務している生き字引のようなベテラン事務官もいます。調査官や書記官が事務局勤務となって、事務官の仕事をしている場合もあります。チーム裁判所のマネージャー的存在です。

●家事調停委員

家事調停において、事件ごとに男女一人ずつが選任され、当事者双方から話を聞いて、その合意形成、あっせんを図ります。「四〇歳以上の民間から選ばれた良識ある男女」で、調停委員任命選考を経て採用される非常勤の裁判所職員です。その経歴はさまざまで、裁判所の元職員のほかにも、弁護士、司法書士や行政書士、税理士や不動産鑑定士等の資格を有する委員、元銀行員、元教員など多士済々、中には元アナウンサー、園芸会社社長、僧侶など、本業を聞いて驚くこともたびたびです。裁判官と調停委員二人をまとめて「調停委員会」と呼びます。チーム裁判所の中のベテラン選手といったところです。

●医務室技官（医師、看護師）

裁判所の医務室には、非常勤で勤務する医師（多くは精神科医）および看護師がいます。医師は少年や当事者に精神疾患や発達特性が疑われる事件などで、裁判官や調査官からの相談に乗り、医学的見地からの意見を述べます。複雑な事案では直接事件当事者との面接をしてもらうこともあります。医師ならではの視点からの指摘には学ぶことも多くあり、毎回、さすが……と唸らされます（14「リセット」、16「バースデーケーキ」参照）。

看護師には、「保健指導」と言って、薬物事件や性非行事案等で少年に対する医学的な教育的措置に加わってもらうことがあります。以前は集団講習もありましたが、現在はほとんどが個別指導で、少年の課題に応じた指導内容を看護師と相談して決めていきます。性的な逸脱が課題となっている女子少年に対する指導を依頼することもあります。白衣の看護師の姿を通じて、少年たちに対する「あなたの身体、健康を大事にしてほしい」という家裁からの大事なメッセージが伝わる気がします（13「僕ver.2.0」参照）。

どちらも、チーム裁判所のメディカルスタッフですね。

このように、裁判所ではさまざまな資格、専門分野をもった職員がそれぞれの役割を担いながら、事件の解決に向けて働きます。じゃあ肝心の調査官の役割は何でしょう？　機動性が武器の中堅選手でしょうか？

誰が欠けてもチーム裁判所は成り立たないし、それぞれの役割に代替性や補完性はなく、まったく違うのだということもご理解いただけるでしょうか。

第2部

にぎやかな森

少年事件

「ぼくは、かみのぼうしをかぶり、あたらしいらっぱをもって、もりへ、さんぽにでかけました」

――『もりのなか』マリー・ホール・エッツ文・絵、まさきるりこ訳、福音館書店、一九六三年

第2部には少年事件を集めました。二〇歳未満の少年による犯罪に対する処遇を決めるのが少年事件です。少年事件の数は年々激減し、令和五（二〇二三）年の新受件数（五万三三六一件）は、前年比ではわずかに増加に転じたものの、平成元（一九八九）年の五〇万五二二六件と比較するとほぼ一〇分の一になりました（司法統計年報）。この間、大規模な集団暴走がなくなったり、薬物非行の中心がシンナーから大麻になったりと、少年非行の様子に変わったこともありますが、非行の背景にある少年たちのこころの本質的なところはあまり変わらない気がしています。

9 トカゲの尻尾——特殊詐欺

末端の一人

「本件詐欺の被害額は確かに高額であり、被害者も多数いる。しかし、真に罰すべきは少年に指図をした主犯であって、単なる受け子でしかない少年に長期間の身柄拘束を伴う厳罰を与えるのは、いわゆる『トカゲの尻尾切り』であって意味はない」

この三〇年、減少の一途をたどる少年事件の中で、珍しく係属事件数が増加しているのが詐欺。その大半がカードすり替え詐欺などの特殊詐欺事件だ。令和四（二〇二二）年の特殊詐欺の認知件数は一万七五七〇件、被害総額は三七〇・八億円に上る（警察庁まとめ）。膨大な件数と金額だが、その一件一件に被害者がいて、加害者がいる。

家裁に送致されてくる少年の多くが末端の実行役、いわゆる「受け子（被害者からキャッシュカードなどを受け取る役）」や「出し子（そのカードでATMから現金を引き出す役）」だが、近年の特殊詐欺は恐ろしく分業化されていて、実行役である少年たちへの指示は時間が経てば消えてしまうメッセージアプリを介して行われ、黒幕が逮捕されることは少ない。

この手の事件で、付添人弁護士からよく主張されるのが冒頭の「トカゲの尻尾」理論である。いかにも現場で切り捨てられてジタバタしている感じだが、一方で少年が何も考えていないようなニュアンスもあって、本当にそうかな、とも思う。

対話の始まり

少年鑑別所の面接室で私の目の前にいる一七歳の少年。受け子として複数の被害者から金銭をだまし取り、被害額は六〇〇万円を超える。身長のわりに胸板が薄く、ヒョロリとバランスの悪い体格だが、垢抜けなさが新入社員ぽく見えなくもない。

少年との面接は、送致された事件について間違いがないかを確かめる認否確認から始まる。ただ、送致された非行事実を「氏名不詳者と共謀し、詐取した」などとそのまま読み上げても伝わらないから、内容をかみ砕きつつ、事案の要点は変わらないようすべての事実を読み上げる。地名だけでは少年自身どの件か区別がついていないようだったが、「ほら、犬に吠えられた家だよ」などと手がかりを与えると、ようやく一件一件の区別がついたようで、少年はぶっきらぼうに「そのとおりっすね」とうなずいた。

次は、私がどんな役割の人間で、なぜ少年と面接を行うかの説明だ。

「この内容に間違いがなければ、あなたのしたことは、人をだましてお金を取る、『詐欺』という犯罪です。二度と同じことをやってはいけません。家庭裁判所では、あなたや保護者から、事件のことだけでなく、事件の背景になったあなたの普段の生活や家庭のこと、いろいろな話を聞きます。その中で、あなたがどうしてこういう犯罪をやったのか、二度と罪を犯さないためにどうすればいいか、あなたと一緒に考えていくのが、調査という手続です。そのために、私はこれから何度か、鑑別所にあなたに会いに来ます。あなたがどうしても話したくないことは、無理に話す必要はないけれど、私があなたに会うのは今言ったような目的のためだから、話したくない理由は教えてもらえるといい」

事案内容や少年の考えによっては最終的な処分として少年院や検察官送致もあると伝えると、少年はようやく表情を改める。

「じゃあ、どういうことでこの事件に関わることになったのか、教えてくれるかな」という最初の質問に、どの辺りから遡り、どの程度要領を得た話をするかで、少年の能力や成熟度をはかり、事件の経過を追いながら、「その時にどう思った?」「どんな気持ちだった?」「それでどうなると思っていた?」と、繰り返し少年自身の認識や感情を聞いていく。

#即日即金 #高収入

先輩のバイクを借りて運転したら転んで、車体に傷をつけた。先輩から「下手金」として二〇万円を要求されたけど、余裕のなさそうな親には言えなかった。高校を中退してからアルバイトは長続きせず、始めたばかりの現場仕事のバイトも、日当は安いし、キツいし暑い。

使い慣れたSNSで「高額バイト　日払い」と検索したら、スマホの画面いっぱいに募集が表示された。札束の写真と一緒に「絶対安全！」「一日一五万」「未成年可」と謳っているアカウントに、試しにDM（ダイレクトメッセージ）を送ると、丁寧な口調の返信があり、本人確認のために免許証を持った自撮りの写真を送れと言われた。スーツを着てカードの入った封筒を受け取る仕事だと言われた時には、さすがになんかヤバいんじゃないかとは思ったが、それでも「絶対安全」と書いてあるんだから捕まることはないだろうと思った。

指示役からの指示は図解まで入ってわかりやすく、カードのすり替えも、書いてあるとおりやれば相手に怪しまれることもなかった。一件目はちょっと緊張したが、最初の報酬として一〇万円がもらえると、二件目からは楽になった。指示役の「年寄りはズルをしてため込んだ金の使い道に困ってます。死んだら国に取られる金を、困ってる私たちにちょっと回してもらうだけ。金は世間の回りもの」とのメッセージに、そんなものかと納得した。先輩に返す金と、あとちょっとだけ遊ぶ金を稼いで逃げればいいと思っていたが、最初の報酬をもらったあとは、次の件をやったらまとめて支払うと後回しにされた。「都合が悪くなった」と言ってみたら、指示役の口調は「免許証でおまえの家はわかってるんだ」と一変して怖くなり、張り込んでいた警察官に逮捕されるまで、事件は続いた。

少年は不満げな顔で言う。

「オレって『トカゲの尻尾』なんやろ？」

「どういう意味なんだろうね？」

「弁護士さんが言ってた。指示したヤツがもっと悪いんやって。被害額六〇〇万って何度も言われるけど、これ全部オレが取ったことになるん？　『絶対安全』って書いてあったのに捕まったんだから、オレもだまされたってことにはならんの？」

取ってつけたような弁解も、そんなわけあるか、と突っ込みたくなる言い分も、まず聞く。少年の口は調子よくペラペラと回るが、その話からは、少年の情報の取り入れが自分に都合よく断片的で、情報を組み立てられないことによる見通しの甘さ、犯罪に対する警戒心の乏しさが浮かび上がってくる。鑑別技官に聞いたテスト結果も見ながら生育史をたどれば、知的能力は低いが支援の対象になるほどではなく、活動性の高さと表面的な口のうまさゆえに、親からも教師からも不適応を見過ごされてきたことがわかる。自分で深く考えることの苦手な少年にとって、この犯行マニュアルはいかにも楽だっただろう。

鑑別所の少年の日記には、親が面会に来てくれないことの泣き言ばかりで、被害者のことは一言も出てこない。

次に面接に行くと、少年は不安そうに「オレ、少年院なんかな？」と聞いてくる。

「どうしてそう思うの？」

「弁護士さんが謝りに行ったけど、相手の人、すげえ怒ってたって。あの犬の家の人も、オレの取った金、おばあちゃんの手術のためのお金だったからめっちゃ困ってるって。会ってくれない人もいたって」

「あなたは前回、自分もだまされたみたいなものだと言ってたね？　最初に検索した時にどんな仕事だと思ってたんだろう？」「ヤバいんじゃないかと思ったけれど、でも捕まらないだろうと思ったのはどうしてだろう？」「あなたの連絡先は指示役にバレてるよね。また実行役をやれと連絡が来たらどうする？」

どこまでも問う。問う。問う。少年が、自分の考えをたどり、自分の中の甘さや、ずるさや、弱さがどう事件につながったのか、考え始めるまで。

あなたはトカゲの尻尾じゃない。ここにいることも、すべてあなた自身の選択の結果だ。

最初の約束

観護措置期間中、親が駆け回ってわずかながらでも被害弁償の意思を見せ、無断欠勤の状態になっていた少年のアルバイトも、もう一度雇ってもらえる目処がついた。

審判では裁判官からの質問に、少年は緊張で声を上ずらせながら、時に考え込みながら答えていた。裁判官は「君が、鑑別所で自分のしたことの責任や、自分自身の問題を、いろいろと考えたことはわかった。ただ、君には、いいことが言えても実行が伴わない面もあったようだね。社会の中で、本当に自分の言ったことが実行できるのか、裁判所はその結果も見て君の処分を決めたい」と告げ、少年は在宅試験観察（一定期間生活の様子を見守ったのちに最終的な処分が決まる中間処分）となった。

試験観察のスタートに、親と付添人弁護士も同席のうえで、期間中の約束について少年と話し合う。一冊のノートの最初のページに、これは裁判所からの指示、と「二度と犯罪に関わらない」と書いて少年に渡し、「あなたが裁判官に約束したことを書いて」と伝える。

「え、ちょっと待って」と審判の緊張から解放されたばかりの少年は慌てている。

助け舟を出したそうな付添人弁護士を目で制し、少年の言葉を皆で黙って待つ。少年が小さな小さな文字で書いたのは、「仕事をがんばる」「ひがいしゃの人にあやまる」の二つ。

まずは自分の頭で考えること。あなたはトカゲの尻尾じゃない。

10 沼——大麻取締法違反

［本章には、薬物使用に伴う描写があります。ご注意ください］

沼の臭い

薬物使用の入口となる薬物を「ゲートウェイドラッグ」と言うが、その地位は、シンナーから大麻へと、完全に移り変わった。

少年たちの身近にあり、悪の匂いがするもの。一見深刻でなく、後腐れなくサッと手を切れそうに思えるもの。そういった意味で、シンナーと大麻は共通しているのかもしれないが、決定的に違うと思うのは、その「臭い」だ。

シンナーを吸っている子は、面接室で口を開くと息の臭いだけでわかった。胃が悪い人は口臭がひどいと言うが、そこに金属質の臭いが混じった、何とも言えない悪臭。家族が気がつかないはずはないと思う。大麻にも乾いた草のような、青臭く甘い独特な香りがあると言われるが、少年の「外国のタバコ」などとの説明を信じていたという家族は多い。

薬物事件の調査には、独特の難しさがある。被害者も目撃者もおらず、逮捕時に持っていた薬物以外は、いつからどのくらい使ったかも基本的に自己申告だ。その臭いからして身体に悪いことが明白なシンナーに比べ、大麻の危なさを伝えても、少年に切迫感はなく、のれんに腕押しのような調査に終わってしまうこともある。

何かにハマることを「沼る」と言うが、薬物も一種の沼のようだと思う。池や湖と違い、水は濁っていて底が見えない。そして、一度ハマると抜け出すのは難しい。

沼の浅瀬

今回、乾燥大麻〇・五グラムの所持で、少年鑑別所に入った少年は、専門学校一年生。面接室に現れた少年の服装は、人気のブランドロゴが袖にさりげなく入った黒のパーカー。両耳に複数のピアス穴、髪にはメッシュが入り、そのまま夜の繁華街を歩いていても違和感がない。

冒頭の認否確認のあと、今回の大麻について聞くと「売人から買ったのは今回が初めて。二ヵ月前に友達からもらったものを一緒に吸い、これが三回目」と初心者を装う。自宅からグラインダー（大麻専用の粉砕器）も押収されており、そんなはずはないが、処分を控え、すぐには本当のことを言わない少年も多い。

回数や期間の追及はひとまず脇に置き、今回の吸引時の吸い方、場所、身体の変化や感覚に絞って詳しく聞く。使用時の感覚は「音が一つひとつ粒が立って、立体音響かと思うくらい音楽がキレイに聞こえる」と少年自身が体験しなければわからない実感を伴うもので、嘘はなさそうだ。「あなたの説明は臨場感があってわかりやすいねえ」と感心すると少年は照れ笑いを浮かべる。

白々しくない程度に、「なんで大麻が『野菜』なの?」「キマるってどんな感じ?」と次々に素人くさい質問を重ねると、少年の話は、大麻を「引く（買う）」とか、「今回のバッズ（乾燥大麻）は上物で、すぐブリブリになった（よく効いた）」などと隠語のオンパレードになってくる。「ジョイント?　それどうやるの?　教えてくれる?」とノートの切れ端を渡せば、大麻をこれくらい入れて、と慣れた手つきでクルクルと紙を巻き、もう少し薄い紙じゃないと巻きにくいな、などと言っている。

一通り聞いたあとで、「うーん、なかなかのハマり具合のように聞こえるけど」と言うと、少年は「ヤベ」という表情になり、吸入は二年くらい前からで単独の吸引経験もかなりある、と話を修正はしたが、吸入仲間の名前だけは、よほどタチの悪いつながりなのか、「クラブでたまに会う顔見知りで、名前は知らない」と、頑として言おうとしない。

沼の周辺

少年は一八歳。特定少年のため、親の出頭は任意だが、父母は揃って調査に現れた。父は仕立てのよいジャケットに高そうな腕時計。祖父から引き継いだ焼肉店はコロナ禍をどう乗り切ったのか、余裕が感じられる身なりだが、母は地味な色の毛玉だらけのニットで、バランスの悪い父母だというのが第一印象だった。

父は「夜はうちの店で働かせます。私が監督して悪い友達と縁を切らせますから大丈夫！」と言うが、少年が専門学校にほとんど登校できていないことや、少年のアルバイト先が居酒屋からいつの間にかボーイズバーに変わっていることも把握していない。かみ合わない話に父はだんだんいらだった顔になり、「今時、大麻くらいで鑑別所に入れますかね？　捕まらないだけで、今の子は結構やってるでしょう。私だって、高校生の時から酒もタバコもやってたけど、それでアル中になってるわけじゃなし。マリファナ吸ってた友達だって、今は普通に社会人やってますよ？　時期が来れば、みんな普通に卒業するんじゃないですかね？」と言い始める。

父の横でずっとうつむいて黙っている母を面接室に残し、「お母さんのお考えは？」と聞いてみる。母は固い表情で「私は本人を立ち直らせるためなら少年院でもいいと思ってます」と言う。「夫はああ言いますけど、店は人任せで、自分で監督なんかできません。夫は二年前から事務所名目のマンションで寝泊まりしてて、そちらで一緒に暮らしてる女性がいることもわかってます。私は息子の大麻も薄々わかってましたけど、厳しく言ってあっちに行かれてもと思って、見て見ぬふりで、何も言えませんでした」と涙ぐむ。

まるで家事事件のような面接を軌道修正しながら母の覚悟を確かめたあと、父を面接室に戻し、少年の大麻は友人に誘われただけというような段階ではなく、決して自然に卒業できるものではないことを伝え、生活をどう立て直すか、少年と話し合った結果を教えてほしいと伝える。

沼のよどみ

再び少年に会いに行く。それなりの使用歴がバレて開き直ることにしたのか、少年は「海外では合法なんですよ。医療用大麻だってあるし、違法なのは日本くらいで、日本の法律のほうがおかしい」としれっと言う。「それはまたやるってこと?」と聞けば「大麻に依存性はないから、すぐにやめられる」と深刻味はない。ネットから借りてきた正当化の理屈にだけは変に詳しいが、その中身はスカスカだ。

「じゃあ、これを書いてみようか」とバランスシートを取り出す。「あなたにとって大麻を使って都合がよいこと、悪いこと」「やめると都合がよいこと、悪いこと」を四つの枠の中に書いていくシートだ。少年の目が泳ぐ。正直に書いていいのか、それで処分が重くならないか、迷っている目つきだ。

「今ここであなたと、大麻がいい悪いという議論をしたいわけじゃない。でも、二年も使うなら、あなたにとってそれなりの魅力があるということでしょう？　それを知りたいんだよ」と言うと、少年はやっと鉛筆を手に取る。「大麻を使って都合がよいこと」の欄には「音楽がキレイに聞こえる、リラックスできる、盛り上がる、いやなことを忘れられる」とずらりと項目が並び、悪いことの欄には「つかまる」と一行だけ。後半の欄は空欄のままだ。「それでいいよ、ありがとう」と言うと、少年は意外そうにこちらを見る。

「ところでね、いやなことって何だろう？」

……二年前、父が家を出て、母は少年の前で隠さず父の悪口を言うようになったのがうっとうしかった。たまに帰ってくる父が偉そうに説教を垂れるのももっとウザい。そして父も母も、激しいケンカのあとは決まって自分に甘くなった。友達が差し出す大麻を初めて吸った時の気持ちを、「親が勝手にするならオレも勝手にするわ」と思った、と少年は言った。親は全然気づく様子もなく、「してやった」感があったが、同時に気づきもしないのかとムカつく気持ちもあって、考えるのが面倒くさくなるとまた売人を検索していた、という。

ふと沼の中を覗けたような気がするが、その後も少年との面接は決してスムーズには進まない。少年の中で「大麻は身体に悪くない」という認識はネットからの情報でガッチリ強化されているし、少年の「もう捕まりたくない」は必ずしも「大麻をやめたい」と同義ではないからだ。

鑑別技官の「能力的には劣ったところはなく、むしろ言語理解などでは優れている面もある。だが、周囲からきちんと評価された経験が少なく、自己肯定感が低く不安が強い性格」という指摘をなるほどと思いながら、少年と対話を繰り返す。

これまでどうやって、大麻の吸引を正当化する情報だけを選択してきたのか。「私も、海外には合法な国があることも知ってるよ？　あなたも、大麻が悪いと言われていることも、いいと言われていることも、両方知ってたよね？　そのうえで、使ってもいいという情報を選ぶところに、あなたらしさがあると思うんだけど」と。あなたは大麻で何を得て、何を失ったのか。そしてこれから、何が大麻のトリガー（引き金）になり、何が歯止めになるのか、と。

母からは、今回の逮捕で専門学校は退学を余儀なくされ、面会で少年と話し合い、少年はアルバイト先のボーイズバーを辞め、母の信頼する店主のいる定食店で働くことになったと、長い電話があった。

私は保護観察所に電話をかけ、若く頼もしい声の保護観察官に、薬物再乱用防止プログラムの実施状況を確かめる。そうして迎えた審判では、少年と母は神妙な表情だったが、父は姿を現さず、裁判官も書記官も「自分が監督すると言ったんだよね？」と拍子抜けした様子だった。

底のない沼

少年は二年間の保護観察処分となったが、残念ながら再犯が多いのも、薬物事件の特徴だ。審判から半年後、書記官が記録を持ってくる。

「あの子、また来ちゃいましたね。なんか、いろいろあったみたいですよ」

書記官が指さす記録の「発覚の端緒」欄を見て、あ、と思う。今回は母からの通報で逮捕されており、母の名字が変わっている。母は見て見ぬふりをやめたということか。

半年前と同じ、鑑別所の面接室で少年と向き合う。私が前回と同じ調査官だと気づいたのか、少年は視線を逸らして小さなため息をつく。頬骨が浮き、ずいぶんやせたようだ。何より、肌も髪も水気を失ってカサカサだ。薬物事件に被害者がいない？　そんなことはない。目の前のこの子が被害者だ。

「また会ったね」

少年の目を見る。もう一度、最初から話そうか。沼から出る気があるかどうか、どうすれば沼から出られるのか。もう一度。いや、何度でも。

11 知る、わかる、支える――不同意わいせつ

「合理的配慮」とは

ある日、簡易裁判所の受付係の女性書記官から「調査官、発達障害について職場の研修で講義をしてくれませんか?」と頼まれた。

平成二五(二〇一三)年の障害者差別解消法、発達障害者支援法の改正により、国家機関は「障害を理由とする不当な差別的取り扱いをすることなく、障害者からの意思表示があった場合には合理的な配慮を行う」こととなり、発達障害に関しては「理解を深めるための研修を実施する」との規定もある。もちろん裁判所も例外ではない。私が今いる小さな支部(注・執筆当時)では、地方裁判所、簡易裁判所、家庭裁判所の数十人の職員がワンフロアで仕事をしている。こういう職場では、家裁にしかいない調査官という職種が、裁判所全体の中では毛色の違う存在として見られていることをひしひしと感じるが「調査官なら発達障害についてよく知っているだろう」と期待されたことも嬉しく、依頼を引き受けた。

まず何が知りたいのか、研修の企画を担当している当の書記官と打ち合わせをする。発達障害とはどんな障害で、なぜ対人関係に不具合が生じるか、障害のある人たちに対して、どんな説明をするのがわかりやすいかといった内容を説明していると、書記官は「受付に来た人に発達障害があるかどうか、ちょっと話しただけで見分けるのって無理ですよね？　調査官ならすぐわかりますか？」と困り顔で言う。法が求めるのは「当事者が申し出た場合の配慮」だが、真面目な彼女は、毎日受付にやってくる数多の当事者の中で、発達障害がある人にはこちらが気づいて手を差し伸べられるようになりたい、と真剣なのである。

しかし、二〇年前には私自身も大差ない状態だった、と記憶をたどる。

とにかく不思議だった。なぜこの少年はこんなに盗む下着の手触りにこだわるのか。なぜこの少年は、一見意味もないわいせつ行為の手順にばかりこだわるのか。こんな妙な子はいないと思って職場で調査官同士の検討会にケースを提出すると、ほかの調査官が我も我もと「同じような、妙なこだわりをもつ子がいた」と言い始めるのはなぜなのか。少年に聞いても保護者に聞いても答えはいつも「何となく」とか「いつもそんな感じ」。家庭環境に問題もなく、グレる予兆もないのに突然非行を犯し、非行のプロセスの中に了解しがたいこだわりがあり、処遇においても「反省を求める」旧来の手法が通用しない一群の子どもたちが確かに存在することだけがわかっても、私にとっては「わからないことだけがわかる」という状態だった。

この当時、バン、と目からウロコを落としてくれたのが、ある調査官の先輩が立て続けに発表されていた発達障害と非行の関連についての一連の著作であり、やっと私は一群の非行少年の奇妙な行動の背景に発達障害の特性があるらしいことを知った。発達障害に関する知見を通して見ると、少年のこだわりにもきちんと理由があることも、一見奇妙な非行の理由も、驚くほどクリアに納得がいった。まるで近視の子どもが初めて眼鏡を手にしたようだったと今でも思う。そして同時に、この先輩が繰り返し「発達障害が非行につながるわけではない。大事なのは適切な支援だ」と言ってくれたことも、少年の処遇を考えるうえで重要な道しるべであったと思う。

寝た子を起こすか？

ある在宅試験観察を担当したのは、ちょうど発達障害者支援法が成立した前後の頃のことだ。事案の詳細は省略するが、中学生の少年による、やや深刻な性非行事案だったとだけ言っておく。送致機関からの意見には「事案の重大性を理解させるためには身柄の収容が必要」とあった。少年は、家裁の審理中は少年鑑別所に収容されていたが、それが本人にとって「事案の重大性の理解」に直結していないのは明らかだった。

鑑別所の法務教官によれば、毎晩少年は「お母さんに会いたい」と泣き、おねしょをしているという。肝心の行為自体は未遂に終わっており、ほかに余罪はなかったが、鑑別技官が丁寧に取ってくれたテストの結果からは、こだわりを主な特徴とする発達障害の特性がはっきりと窺え、非行にはその特性による影響が明らかに現れていた。面接での手応えのなさからは、少年が自分のやったことがなぜいけないかを十分に理解できていないこと、何らかの手当てがなければ同種事案が繰り返される危険性が高いことも予想がついた。

在宅試験観察の意見を書いたのは、少年の立ち直りに向けて、「発達障害の疑いあり」と診断を受けた少年を、モンスターを見るような目で見始めているシングルマザーの母のことも支えなければという思いが強かったからかもしれない。試験観察は、その春養成部研修を修了し、調査官として任官したばかりの後輩の女性調査官と共同で担当することになった。私が少年の面接を担当し、明るくてフットワークの軽い後輩には母や関係機関との関係づくりを引き受けてもらった。

審判が終わり、少年が身柄の拘束を解かれるまでの間、一室に集まった母、学校関係者、児童相談所の担当者を前に、後輩が示した一枚の図があった。「少年・家庭」を囲むように「学校」と「児童相談所」「療育」を頂点にした三角形があり、その外側を「家庭裁判所」の四角が囲んでいた。そして彼女は「試験観察の目標は、この三角形を作ることです。この三角形ができあがったら、家庭裁判所の四角は必要なくなります」と説明した。

私からは、少年に自分の行動の何がいけなかったのかを教えるために、家裁で継続的に面接をしていくことを説明した。「面接では、なぜ女性の身体を触ってはいけないのか、性的な問題にも踏み込んで話をします」と言った時に、不安そうな表情で「寝た子を起こすことになりませんかね」ともらしたのは、体格のよい学年主任の教諭だったと思う。「そのリスクも否定はできません。でも、ただ放っておいて、正しい行動が自然に身につくことはありません。今、誰かが教えなきゃ」と言いはしたが、私自身、こういった少年に対する関わりにおいて手探りだったのも本当だった。

試験観察が始まると、後輩は繰り返し学校に足を運び、児童相談所に足を運び、母が予約を取った発達障害専門の児童精神科クリニックに足を運び始めた。

一方、私のほうの少年面接に、はかばかしい手応えがあったかというと、正直疑問である。毎回『性問題行動のある知的障害者のための16ステップ』（クリシャン・ハンセン、ティモシー・カーン著、本多隆司、伊庭千惠監訳、明石書店、二〇〇九年）をアレンジしたワークシートを用意し、少年に教えなければいけないことを考えた。

人の身体には触ってはいけない境界線があること、正しいタッチと悪いタッチがあること、人にはいろいろな気持ちがあることを、できるだけシンプルな表現で、イラストを添えて教えた。嘘をつくと人から嫌われること、大人になるまで見てはいけないものがあることも教えた。少年は毎回ワークシートを前に考え込んだが、手応えがある回もあり、少年がシートに書き込んだ答えを見て、これは伝わっていないな、難しいなと思った回もあった。むしろ、後輩が母や学校に対して、毎回の面接で調査官が少年に何を教え、何がどう伝わりにくかったかということを伝え続けたことの意味が大きかったと思う。まず先に変わり始めたのは周囲のほうだった。

母は「『境界線だから入っちゃダメ』と言ったら、姉が着替えをしている洗面所に入らなくなった。初めてこの子に、自分の言うことが伝わった」と言った。

少年が学校をサボりがちになった時、「これまで周囲の目も気にせずに授業をサボっていた子が、休んだ時に『昨日、なんで休んだ』と周りから言われることを気にしている。この子にとっては進歩じゃないのか」と職員会議で発言したのは、例の学年主任だった。周囲が少しずつ少年のことを理解し始め、クリニックで定期的に関係者の集まりがもたれるようになった頃、少年はようやく幼い字で被害者への謝罪の手紙を書き上げた。

わかる、のその先

……というような古い記憶を引っ張り出し、私は書記官に答える。

「うーん。こちらが知識をもっていれば、『それっぽい』かな、と感じることはあるけど、それはあくまでも感覚でしかないかな。きちんと診断をするのは検査を踏まえて医師にしかできないことだし、難しいのはその先だよね」

今、調査官が少年非行を調査するにあたって、まず最初に意識することは「B（Biology）P（Psychology）S（Sociology）」の枠組で少年を見ることである。中でもB（生物学的視点）から少年を見る時、発達障害的な傾向のチェックは欠かせない。今なら調査官補でも、送致記録を読めば、遅くとも少年本人に会えば、発達障害のサインを見落とすことはないだろう。家裁に係属する年齢までまったく支援の可能性を検討されずにきたという少年はほとんど見なくなった。しかし、大事なのは見分けることではなく、その先だ。

この二〇年を振り返ると、発達障害を「知る」ことは、私たちの「わかる」を大きく進歩させてくれた。しかし、私たちの「支える」はまだ出発点に立ったばかりと思う。

12 ガラスの割れる音――器物損壊

足跡をたどる

家裁調査官が作成する「少年調査票」という報告書には、少年の生育史をたどる欄がある。少年の出生や原家族のありようから始まり、非行につながるさまざまなエピソードと、それについて少年や家族の語った陳述を時系列順に連ねていくものである。たとえば「中学一年、友人に誘われて初めてゲームソフトを万引き」「高いゲームを持っている友人がうらやましかった（少年）」といった具合である。

愛着に深刻な問題を抱えた少年たちの生育史には、そうでない少年たちと比べ、共通の特徴がある。前半部分が重い、と言えばよいだろうか。通常の非行少年たちの生育史では、小学校後半から中学生にかけてポツポツと記載量が増えてくるのに比べて、およそ一〇歳までの前半部分に記載されるエピソードの量が異様に多く、その内容も苛酷である。

「母、覚醒剤使用により逮捕、実刑判決を受ける」「父、自殺により死亡」「継父から身体的暴力を受ける」「養護施設で性被害に遭う」……たび重なる養育者との離別、繰り返される被害体験。淡々と連ねられる事実の重さに圧倒されそうになるが、そこに続けて書かれている少年自身の陳述は、「何も思わなかった」「よくわからなかった」と意外なほどにそっけないことも共通している。

そんな時、私は、たとえば三歳の、七歳の少年を思い浮かべる。泣いただろうか。自分の身に起きたことの意味がわからず、キョトンとしていただろうか。感受性を押し殺すしかなかっただろうか。ぼやけたピントが焦点を結ぶように、目の前にいる少年の姿に重なったら、そこからが調査の始まりだ。

ガラスが割れる

一七歳の少年が起こした事件の発端は、さまざまな理由で家庭で生活できない子どもたちのためのグループホームでの、ささいな出来事だ。

イヤホンを失くしてしまったので、職員に小遣いの前借りを頼んだら、「持ち物の管理が悪いから」と取り合ってもらえなかった。職員に追いすがったら、目の前でバタンとドアを閉められたことにカッとなり、手に持っていたリモコンをドアのガラス部分に向けて力いっぱい投げつけた。ガラスは派手に飛び散り、その場にいたほかの児童は悲鳴をあげて逃げ惑う。それにもかまわず、さらにダイニングの椅子を持ち上げて、ドアに叩きつけた。少年は一一〇番通報を受けて駆けつけた警察官に「器物損壊」の罪名で現行犯逮捕された。

少年鑑別所の面接室で少年は憤る。

「イヤホンをわざと失くしたわけじゃない。自分が困ってるのに、助けてくれない先生が悪い。どれだけ困ってるかわかってもらうには、態度で示すしかない。ほかの子は面白がってた。物は壊したけど、先生にケガをさせてもないのに、なんで鑑別所なんか入れられるん？」

少年は、自分が逮捕されたこと、鑑別所にいることも納得できていない。

一方、施設職員は語る。

「夕食前の忙しい時間に、前借りなどねだってきて、認められるわけがないでしょう。周りの子が面白がっていたなんて、とんでもない。ショックで部屋から出てこられなくなった子もいるくらいです。普段から『ほかの子と扱いが違う』と騒ぐくせに、自分だけ特別扱いを求める。思いどおりにならないとカッとなって、物を壊す。気に入った職員には四六時中ついて回るが、何かの拍子に手のひらを返したように同じ職員を罵倒して、しまいには自傷騒ぎを起こす。疲弊して辞めていった職員もいます。ここだけの話、職員の間では『施設クラッシャー』と呼ばれていました。ちょっと気の合う異性ができれば、鉄砲玉のようにすっ飛んで行って無断外泊。来年はもう一八歳、施設から自立してもらわなければいけないのに、高校も中退してしまい、アルバイトも続かない。本人の生い立ちには本当に同情するところもあるし、ああなったのは本人の責任だけではないとわかってはいるけれど、うちではもう無理です」

少年と職員の話の温度差からは、特有の感情コントロールの悪さや、他人の感情を読み取ることの難しさ、周囲に対するしがみつきと一転しての拒絶という両極端の態度といった特徴が引き起こすさまざまな困難、そして周囲の疲弊が伝わってくる。これらの特徴は、少年たちが潜り抜けてきた苛酷な体験を通して形作られたものにほかならない。

枠組がもつ意味

通常の場合、観護措置を執られる多くの少年たちは、少年鑑別所で静かに過ごしているが、たまに来るこういったタイプの少年を二四時間預かる鑑別所の法務教官の苦労はひととおりではない。これまで半ば好き勝手な生活を送ってきた少年に対して、規則正しい生活や一貫性のある対応という枠組を通じて心情安定を図ることも観護措置の重要な目的だから、鑑別所では部屋割りから始まって、少年たちに渡す備品の数や内容、日課、それらを少年たち自身にどう説明するかに至るまで生活の隅々にまで気を遣い、少年たちの反応や様子を踏まえて、毎朝の検討を重ねる。最初は興奮していても、そういった枠組の存在によって憑き物が落ちたように、ストンと気持ちの安定を取り戻す少年も確かにいるし、そうではない一部の少年はあらゆることに敏感で、自分に向けられる言葉や、教官の態度をほかと比べては、ごく小さな差異の一つひとつに鋭敏なセンサーを働かせて激しく反応する。調査官の面接があった日などは大騒ぎ、ひっきりなしに居室の報知盤を鳴らしては教官を呼び、不安を訴えたり悲鳴をあげたりして、鑑別所の教官を振り回し続ける。

家裁に来る大人一歩手前の少年たちを見ていると、愛着に問題を抱えた子どもが大人になっていくことがいかに大変か、痛感させられる。

子どもであれば「甘え」で済んでいた行動も、少年たちの年齢になれば罪名がつき、家族という後ろ盾をもっていない少年にとっては、明日からの居場所の喪失につながることもまれではない。子どもの場合と違って問題をいっそう複雑にしているのは、時にはそこに加えて性の問題がからんでくることで、特に女子少年の場合は影響が深刻だ。性は、人肌のぬくもりや強烈な快感を伴い、欲しくて欲しくてたまらない「愛情」と直接結びつくものだから、少年たちは身もだえせんばかりにその関係にしがみつく。少年たちの性は多くの場合、早すぎたり、被害的であったり、薬物などの新たな違法行為と直結したりして、安全とも安心とも言いがたいものだが、少年たちは満身創痍になりながら、また新しい関係に突っ込んでいく。

こんな少年たちに、私たち調査官ができることは本当に少ない。事件が係属しているわずかな間のすれ違いで、少年たちの愛着対象になることもできない。

ただ、ほんの少しでも、この世界は信じるに値すると少年たちが思ってくれる手がかりになるような、嘘のない言葉を伝えられたら――。そんなことを願いながら、大人の世界に漕ぎ出していく少年たちを見送り続ける。

13 僕ver.2.0——児童ポルノ製造

手のひらの犯罪

「児童買春、児童ポルノに係る行為等の規制及び処罰並びに児童の保護等に関する法律違反保護事件」。家裁ではこれを「児ポ」と略す。

私はどちらかと言えば、家事事件の担当が長い調査官だ。数年前、久しぶりに少年事件を担当した時に一番面食らった事件が、この児ポだった。記録にはあられもない姿の画像が遠慮なく添付されていて開くたびに気恥ずかしくなるし、同じ事件名でもさまざまなパターンがあって評価が難しい。

友達同士、あるいは交際相手同士の間柄で写真を撮ったり、送り合ったりするパターン。友達同士のふざけレベルから、はっきりといじめの色合いを帯びた事案もあり、撮影時には交際相手であった間柄が、別れを経てリベンジポルノ的なやりとりに発展したものもある。

フォロワーの数を増やしたいという承認欲求から、自撮り画像をＳＮＳで自ら拡散した女子少年の事件も児ポだ。

ほとんどの画像は、少年たちにとって何よりも身近な手のひらのスマホで撮られている。少年たちは、息をするようにスマホで写真や動画を撮り、ほとんど考える間もなくそれを誰かに送る。

少年たちにとっては、ごく狭い閉じられた空間での出来事なのだろうと思うが、一度ネットの海に流された画像を回収することはほぼ不可能だ。

そして、加害被害の関係があいまいな事案では、「なぜいけないか」、保護法益、すなわち「この法律は何を守っているのか」から説明する必要があるのも、児ポの特徴だ。

撮影の対象である被害者はもとより、男女問わずあなたを含めた未成年者すべてを、性の対象として見ることを防ぐことが法制定の目的でもあるし、一八歳未満の未成年者は、自分の裸がどう扱われるべきか、まだ正しく判断できる年齢になっていないと考えるから、仮に被害者が同意したとしても、あなたのやったことは犯罪であることに変わりはない、と。

僕、やってない

今日の事件は、児ポとしてはちょっと質が悪く、オンラインゲームを通じて知り合った相手に性的な画像を何枚も送らせた事案だ。ＳＮＳだけのやりとりで、被害者は少年に好意を抱いたようで、会ってもいないのに「彼氏」「彼女」呼びになり、二人の間ではきわどい単語が行き交っている。互いに性的な画像を送り合おうと言って被害者をその気にさせながら、先に少年が送った画像はネットからの拾い画像。指示は徐々に過激になり、警戒して尻込みし始めた被害者に対して、先に送らせた画像を学校のハッシュタグをつけてばらまくと脅すなど、その脅し文句の迫力と粘着度はちょっとしたものだ。記録の中の被害者は、どこにでもいそうな、ややぽっちゃりした女子中学生だ。

面接に父母同伴で、学生服で現れた少年は中学三年生。体格も小さく、視線はおどおどしている。

父母健在の共稼ぎ家庭で、システムエンジニアの父は早くから少年をデジタル環境になじませることが成功につながると考えており、少年は小学校時代から自分のパソコンをもち、プログラミング教室にも通ったらしい。

警察、検察段階の取り調べでは事実を認めていた少年だが、父母同席のうえで非行事実の確認をしていると、突然上ずった声で「僕、やってません」と言い出した。被害者に最初の二枚を送らせたところまではいいが、事件の後半三枚と動画一本を送らせた、やくざまがいの脅し文句は自分のやったことではないという。

「どう違うか、教えてくれるかな?」と確認していくと、少年は急に開き直ったような態度になり、「警察で脅されました。絶対にこれが僕だっていう証拠はあるんですか?　アカウントの乗っ取りだと思うんですけど！」と早口でその方法をまくし立てながら、横にいる親のほうをチラチラと気にしている。

父は黙ったままだが、母はおずおずと横から「絶対にこの子がやったんでしょうか？」と言い始める。

これはとりあえず継続面接だな、と腹をくくり、少年の言い分を聞き終えてから一旦面接を中断して、裁判官室に駆け込む。裁判官も「一部否認？」と目を丸くするが、「後半から確かに別人みたいになるなとは思いましたけど。完全否認なら付添人を付けてもらって事実認定先行ですけど一部否認だし、調査官の話を聞くと親の様子も気にしているようですね。継続で面接してもらえますか？」と言う。

面接室に戻り、今後の枠組として、少年と父母に、非行事実を争う場合、裁判所は丁寧に本人の言い分を聞くが、できれば法律記録を閲覧できる付添人（弁護士）がいたほうがいいこと、少年が何をやったと言われていて、何を争いたいのか、父母もきちんと少年と話し合うようにと伝える。

少年と父母を帰してから、少年が述べたアカウント乗っ取りの方法を確認してみる。確かに同様の被害が確認されているようだが、ほかに何か手がかりがないかと、「マ？」「てぇてぇ」などと意味不明の吹き出しや、歯の浮くような口説き文句が並び、読んでいるだけで語彙力が削られそうで斜め読みしていたＳＮＳのやりとりを見返していて気づく。少年が乗っ取られたと主張する前後で、「雰囲気」を「ふいんき」など、繰り返し同じ言い回しの間違いが出てくる。まるで別人のような文章だが、これはやっぱりあの少年のような気がする。

ネットのオレ様とリアルな僕

一〇日後、少年は父母とともに、再び家裁にやってくる。面接室に入ると、少年は「全部、僕がやりました」と妙にきっぱり言い、父母がうなずく。否認ではないことを確かめ、父母には一旦退席してもらった。

「親の前で聞かれると思ってなかった？」と聞いてみると、少年は初めて照れたように笑い、うなずく。「そうか、いきなりで悪かった。恥ずかしいのも当たり前だね。でも、相手の子はあなたの十倍も百倍も恥ずかしい思いをしてるんだから、あなたもちゃんと自分の言葉で話そう」と、改めて話を始める。少年の目はもう、おどおどはしていない。

被害者がビビって言うことを聞くのが面白かった。迫力のある脅し文句はネットにいくらでも転がっていて、違う自分になれた。ネットのエロ画像はニセモノだし、AV動画は演技だけど、自分が指示して送らせたものは「ナマモノ」という感じがしてレア度が全然違ったし、もちろん自慰にも使った。

学校では、陰キャで下に見られている。普段自分のことをバカにしてくる陽キャのあいつも、えらそうなことを言ってても、女に思うように言うことを聞かせるなんてできないだろうと思うと、満足した。「後半、人が変わったみたいになるのは？」「元ネタにしたサイトがここから違うんです」と、ネットスラングや誹謗中傷が飛び交う匿名掲示板の名を挙げた。

ＳＮＳの中で被害者を思うままに操った間の嗜虐的な万能感と、対照的な日常の鬱屈感・劣等感を並べてみると、少年がこの非行で得ようとしたものもわかる気がした。デジタルスキルにやや秀でているだけに、少年が使った脅し文句の尊大さや、短期間にネットの中でだけ膨れあがった攻撃性・狡猾さに、このままネットの世界にハマり続けた場合の危険を感じた。

後ろめたさがなくなったのか、やや得々とした表情で「写真には顔も名前も出てないし、そんなに気にしてないんじゃないですか？」と話し続ける少年に、被害者の陳述内容を伝えた。『弁償とか謝罪とか、一切いりません。拡散してない、画像を消したと言われても、絶対に信用できません。怖いです』

被害者が感じた恐怖と屈辱感、送った画像が今後一生ネットに残り続けるかもしれないという不安を、被害者の言葉として丁寧に伝えると、少年はようやく背筋を伸ばした。

少年と交代させて、親からも話を聞く。

「この間にどんな話がありましたか？」

両親は顔を見合わせながら話し始める。

母は少年を信じたかった。父はあるかもしれないと思った。ネットの話題になると少年が周囲を見下すような、上から目線の態度になるのが気になっていた。答えが出ないまま、少年と向き合った。

相手の子をだまして写真を送らせるなんていうのは、本当なら人間のクズがやることだ。お父さんもお母さんも、おまえを信じたい。絶対に違うというなら弁護士を頼んで、徹底的に戦ってもらう。でも、いやらしいことに興味が出るのは自然なことで、恥ずかしいことじゃない。お父さんだってそうだった。もし、本当におまえがやったことだとしても、絶対におまえを見捨てない……。

でも、でも、と思いつく限りいろいろな話をした末に、少年が泣き出し、「ごめんなさい、全部僕がやった」と言ったという。

「あんなに子どもと本気で向き合ったのは初めてでした。警察で事件のことを聞いた時に、内容が内容だけに、こちらも気恥ずかしくて、『もうやるなよ』としか言ってなかったんです。何度もお手間を取らせて申し訳ない」と父母は頭を下げた。

では、少年に対する教育的措置をどうするか。裁判官とも相談し、さらにもう一度日を改めて、医務室にいる看護師の保健指導を受けさせることにした。

白衣の看護師は、少年の身長体重、血圧を測ってから、人間の成長について話し始める。性に興味をもつことは自然なことだが、同時に越えてはならない境界があり、一歩間違えば今回のように犯罪にもなりうること。話題はスマホ依存と言われる症状が脳に与える影響や、ネットの世界にはまる危険にも及び、少年も母も真剣な顔でメモを取りながら耳を傾けていた。

生まれ変わる僕

この件のように、少年が身柄を拘束されていない在宅事件では、調査官が審判に立ち会わないことも多い。短期間の保護観察処分という意見を提出してしばらくしてから、少年に対する審判が開かれた。

審判のあと、普段は忙しい書記官が調査官室にやってきた。「あの子の審判、終わりましたよ。最後に、裁判官に『これから、どんな自分になりたいか』って聞かれて、『僕ver.2.0になります！』って言うから、みんな意味がわからなくてポカンとしてね」と話してくれる。

「バージョン二・〇？」

「父親が、慌てて横から『生まれ変わります、という意味だと思います』って補足して。それでみんな、ああ、とわかったんです。今の子は反省もデジタルなんですねえ」

少年の様子を想像して、私は内心で慌てる。ネットの世界の中にいてはダメとあれほど言ったのに……！

いや、しかし。これも、ネットから借りてきたのではなく、彼自身の、彼にしか言えない言葉ではある、と思うことにしよう。

14 リセット——殺人未遂

前触れ

「……署は、無職の女子少年（一六歳）を殺人未遂容疑で現行犯逮捕した。女子少年は、同居する五〇代の伯母に包丁で切りつけ、殺害しようとした疑い。被害者の命に別状はなく……」

その日の朝、私が目をとめたネットニュースの記事は意外なほど短いものだった。地名は私の勤務する家庭裁判所が管轄する地域だ。いくつか記事を探してもそれ以上の記載はなく、一六歳女子、殺人未遂、と思いながら役所への道を歩く。

数日後。定例の管理職ミーティングで、裁判官からも「あの女子の件、うちだよね？」とその話題が出た。書記官はすでに情報を得ていたようで、「はい、前歴なしですね。黙秘とか否認はないようです。健康も問題はないと聞いてます」と言い、裁判官も「一六歳女子、殺人未遂かあ」と、私と同じことをつぶやいたが、それ以上は私たちにわかることもなく、話題はその週予定されている別の少年の審判で警備が必要かという検討に移っていった。

怒涛

数週間後、その事件が家裁に係属して、調査官室に分厚い記録が運ばれてくると、部屋に緊張が走る。

生々しい現場写真の血の量にたじろぎながら、まずは担当決めだ。組（調査官三〜四人のチーム）の全員で調査を担当することにして、少年や保護者との面接を担当するのは私よりも先輩のベテラン男性調査官。フットワークの軽い若手調査官には関係機関調査を、中堅の女性調査官に被害者調査を任せた。もしかしたらこころの傷をえぐり出すことになるかもしれない面接が少年にとってどんな負担になるかわからず、女性もいたほうがいい、と私も少年面接に同席することにした。難しい女子少年の場合、男性調査官に恋愛めいた感情を向けて面接関係が難しくなることもある。先輩は「オレみたいな中年男にそんな心配はないですよ」と笑ったが、そこに年齢は関係なく、その予防策という意味合いもあった。

すぐに家裁に駆けつけてきた人のよさそうな丸顔の付添人弁護士は「傷害ということで非行事実を争えないかとチラッと思ったんですが、本人は『殺すつもりだった』とキッパリ言うんでね」と嘆いた。実際、少年の供述に加え、用いた包丁が事前に購入したもので本格的な殺傷力のあるものだったこと、被害者がとっさに身体をひねって逃げたため、負傷部位は背中だったが、狙った箇所が腹だったことで、「殺人未遂」という事件名は動きそうになかった。

いざ面接が始まり、先輩から単刀直入に、しかし飄々《ひょうひょう》とした調子で本件についての動機を聞かれ、彼女は「全部リセットしたかった。放火でも殺人でも、家族との関係が切れるなら、何でもよかった」とだけ言った。

ただし、初回の面接で彼女が自分の心情めいたことを話したのは、その一言だけだった。そのあと、彼女が話すのは「事実」に関することだけで、「どんな気持ちだった」「どんなつもりだった」という動機心情についての質問には、「忘れた」「覚えてない」を繰り返した。じきに先輩も私もその違和感に気がついた。

事件の数日前に、被害者である伯母との間で口論になったらしいことは、伯母の陳述でも明らかだったが、その中身についても「カッとなったからもう覚えてない」を押し通した。最初に発した一言だけを手がかりに、彼女のこころの中を探っていくしかなかった。

とはいえ、手がかりはあった。若手が児童相談所に出向き、児童記録を閲覧してきたことで、あっという間に少年調査票の生育史は埋まっていった。彼女は幼少期に母と離別し、無責任な父によって育てられていた。父にはアルコールの問題や暴力があり、小学校時代は今でいうヤングケアラーのような役割を負わされていたようだ。かなり早い時期から問題行動は始まっていたが、むしろその内容はネグレクトの被害者としてのそれで、養育環境の過酷さのために、金の持ち出しや万引きなどは事件にされることもなかった。

ネットで知り合った相手からの性被害をきっかけに家出を繰り返し、中学一年で児童自立支援施設に入ったが、卒業後も自宅に戻ることはなく、複数の自立援助ホームを転々としていた。共通しているのは、どこでも最初は過剰すぎるほど相手にベッタリと甘えるが、施設内の盗みやいじめといった行動で自分から関係を壊してしまうことだった。最後のホームを飛び出したあと、「パパ活」と称した犯罪スレスレの行為で稼いでいて売春の被害者として保護され、父が住民票だけを置いていた父方実家に転がり込んでいた。父自身は隣県で住み込みの仕事に就いているようで、児童相談所との連絡も途絶えがちだった。

伯母は、実直に普通の人生を送ってきた人だ。数年前に夫と別れ、父方実家に戻って一人暮らしであったために彼女を引き受けることになった。父とは疎遠であったため、伯母は彼女を父の被害者として同情的に見ていたようだ。一緒に暮らすようになってしばらくすると、彼女の性的なだらしなさや社会性の乏しさが目に余るようになり、この機会に彼女を立ち直らせようとしてその生活態度に意見をするようになった。その注意はごく真っ当で常識的なものだったが、わずかな間に関係が悪化して、何度か手厳しい言葉のやりとりの末に決定的な口論があり、彼女が伯母に刃物を向けたのが本件、ということになる。

裁判所からの照会に電話をかけてきた伯母は、担当の女性調査官と長く話し込んでいたが、最後は固い声で「私が何かを言ったことで、厳しい処分が出たと逆恨みされるのが恐ろしい。だから書面では回答しません。もうあの子に関わる気もありません」と言った。肝心の父は、彼女の事件と前後して、酒のうえのケンカで身柄を拘束されていた。

彼女の望みどおり、家族との関係は断たれたように見えた。

ジグソーパズル

彼女は、面接ごとにずいぶん気分の波があった。ムスッと不機嫌な日もあれば、余計なことをペラペラしゃべり続ける日もあった。先輩や私を取り巻く人間関係をやたらと知りたがり、どっちが上司なのか、結婚しているのか、子どもはいるのかと私たちを質問攻めにした。先輩が声をひそめて重々しく「うむ、それは企業秘密だ」と答えてみせるとケラケラと笑うこともあった。

彼女の話す「事実」は感情を交えないだけにかえって壮絶だったが、先輩が驚きも否定もせず、小さくうなずきながら話を聞き続けると、彼女はポツポツと心情めいたことをつぶやくようになり、「誰も家族とは思えない。これ以上つらい思いをするくらいなら、自分から絶縁しようと思った。私がこうなったのはすべて親のせい」と、暗い目で言った。

付添人から、父が審判に出頭できないことを聞いた時には「しょーもな」と片頬で笑ったが、部屋に戻ってから壁に頭を打ちつけて自傷騒ぎを起こした。

彼女と向き合った四週間、私たちは、よるとさわると彼女の話をしていたように思う。それは、多すぎる事実のピースと、数少ない彼女の言葉をジグソーパズルのように組み合わせていくような会話だった。

なぜまるで自分の逃げ道をふさぐように次々に関係を叩き壊していくのか。最初は親切だったはずの伯母にここまで強い攻撃感情を向けたのはなぜなのか。

気分の落差の大きさに精神疾患の存在を疑い、医務室技官にも相談した。技官は、直接会ってないから診断はできないが、と前置きし、少し前はこんな子を俗に「重ね着症候群」と言ったりしたねと言いながら、知能テストの数値は取組姿勢の関係で低く出た可能性や、心情を語らないのは単なる防衛ではなく解離が生じていた可能性もあることなどを指摘してくれた。

「関係が不安定だからこそ、少しでも危ういと思ったら、自分から関係を叩き壊さずにはいられないんだろうな」という先輩の言葉に、私たちはうなずいた。

この人生がリセットできるなら、どんなにいいだろう。

数々の外傷体験を背景に、自分にとってメリットがあるかないかだけを基準に、短絡的に判断して、自分の利益を守るためには手段を選ばず、衝動的に行動に移すこと。特に親しい相手に対して極端な行動に出てしまいやすいこと。彼女が事件を起こすに至った理由とその背景はいくらでも書けても、それをどう克服すればいいのかという解決策を見出すのは難題だった。

もちろん、殺人未遂という罪名は重く、一六歳の彼女に対して、検察官送致という処遇意見も選択肢としてはありえたが、彼女がすぐには壊せない人間関係を一から始める場所としたら、それは少年院しかないだろう、と私たちは話し合った。

責任

審判の日が来た。静かだが張りのある裁判官の声に、彼女は話をはぐらかすこともふざけることもなく、一番落ち着いて話をしていたように思う。

最後に裁判官が、「君は、関係をすべてリセットしたかったと言ったそうだが、その気持ちは……」と言いかけると、伏し目がちだった彼女は初めてついと視線を上げ、まっすぐに裁判官を見た。その目は「わかるの？」なのか、「わかられてたまるか」だったのか。

裁判官は一瞬口をつぐんでから、「……気持ちはわかると、軽々しく言ってはいけないと思うが」と言い、「今回、君のやったことに、メリットはないことを知ってほしい」と言葉を続け、通常よりかなり長い期間の少年院送致決定を告げた。

「これから少年院で、法を犯さずに自分の気持ちをわかってもらう方法、社会の中で生きていく方法を学んできてほしい。これは、罰ではありませんが、君が取らなければいけない責任です。だから、きちんと向き合ってください」

彼女はかすかにうなずいて、その手には再び手錠がかけられた。

処分結果が記事になることはなかった。私たちの仕事はここで一区切りだが、彼女の人生はリセットされることはなく、これからも続いていく。

となりは何をする人ぞ――裁判所の周辺の人たち

人と同様に、裁判所は裁判所だけで仕事をしているわけではありません。家事事件、少年事件ともに多様な機関とも協力し合いながら、事件の処理に当たります。特に少年事件の場合、裁判所が少年の処遇を決定する前後に、少年に対する処遇を担当する機関が複数あり、さまざまな形での連携があります。ここでは、調査官が接する機会が比較的多い機関と、そこで働く人たちを紹介します。

Q 隣接領域との違い、そこで働く人との役割の違いを教えてください

A

●少年鑑別所（法務教官、鑑別技官）

少年事件では、事案内容や少年の行状を考慮し、心身鑑別が必要であると判断されると、観護措置が執られ、裁判官から少年鑑別所に対して「心身鑑別命令」が出されます。少年たちは

二週間（多くの場合は一度延長されて四週間）、少年鑑別所で生活することになります。これを「身柄事件」と言いますが、第2部に登場した少年たちの多くが、この観護措置を執られています。

少年鑑別所で、少年の日常生活を見守り、行動観察を行うのが法務教官、心理テストや面接を通して心身鑑別を行うのが鑑別技官です。鑑別所としての鑑別意見は、法務教官と鑑別技官の判定会議によって決められ、裁判所に提出されます。少年院送致決定となった場合、具体的にどこの少年院でどのような処遇を行うのかを決めるのも鑑別所です。

調査官が行う社会調査は、少年だけの面接ではなく、保護者や学校など、少年を取り巻く環境に対する調査を含むのに対し、鑑別所の心身鑑別は丁寧なテストや面接で、少年一人ひとりの内面を深く掘り下げていく感じです。調査官は鑑別所に調査に赴く際、鑑別技官からテストや面接の結果を聞いたり、調査官が保護者から聞いた少年の生育史や交友関係等、社会調査の概略を伝えたりして鑑別技官とのカンファレンスを行います。少年係の調査官にとっては、鑑別技官は最も身近なパートナーというべき存在であり、法務教官から教えてもらう少年の居室での様子や保護者との面接の様子等もとても参考になります。

非行に至るまで乱れた生活を送っていたり、自分の起こした事件を省みることもなく過ごしていた少年たちが、世間と切り離され、少年鑑別所で過ごす時間は、多くの少年に劇的な変化をもたらします。規律ある規則正しい生活に加え、さまざまな形での面接や、教官や技官との関わりを通じて、少年は事件を起こすに至った今までの自分、これからの自分と向き合うことになります。

なお、鑑別所は観護措置を執られた少年だけでなく、「地域援助」といって、一般からの相談を受けつけたり、地域に開かれた処遇を行うようになりました。近年では、家裁の在宅試験観察中の少年を鑑別所に通わせて、鑑別所で実施する処遇プログラムに参加させたりする「鑑別所コラボ」と呼ばれる処遇も実践されています。

法務教官、鑑別技官とも法務省管轄の国家公務員です。法務教官は「施設内処遇の専門家」、鑑別技官は「犯罪臨床の専門家」です。

●保護観察所（保護観察官、保護司）

保護観察所は、家裁での審判の結果、保護観察決定を受けた少年に対し、社会の中で更生に向けた専門的な指導を行っていく機関です（保護観察所は成人に対する処遇も行っています）。少年は定期的に保護司のところを訪問したり、保護観察所で定められた講習を受けたりしながら指導を受けます。少年たちの中では、「保護観察中に再犯があると少年院」という危機感も、行動の枠となって働きます。

保護観察中の少年が新たに係属すると、裁判所からは「保護観察成績照会」を出し、保護観察中の状況について書面で回答を得たり、保護観察官から電話で実際の状況などを補足で聞いたりします。今後保護観察に付す予定の少年について、どのような処遇が可能かを相談することもあります（⑩「沼」参照）。

実際に少年と接している保護司は民間のボランティアで、少年から保護司との面接の様子を聞いたり、保護司から叱られたなどという話を聞くと、少年にとって身近な存在として関わっていることがよくわかります。保護観察官は法務省管轄の国家公務員です。保護観察官は「社会内処遇の専門家」。保護司は保護司法に基づき、法務大臣から委嘱された非常勤の国家公務員です。

●少年院（法務教官）

家裁の決定で少年院送致となった少年たちを収容する処遇機関です。収容の対象となる年齢や処遇区分によって第一種から第五種までの種類があり、その雰囲気もさまざまです。

少年院に送致された少年について余罪が送致されたり、少年院から「収容継続申請」が出された場合には、少年に会いに少年院に行き、その際、法務教官から少年に対する指導計画とその進行状況などの話を聞きます。処遇検討会や、少年院での卒業式、成人式などの招待を受けることもあります。教官の話からは、二四時間少年を預かる大変さを感じると同時に、調査中とはずいぶん異なる少年の様子を見聞さして、少年院での生活が少年にもたらす変化の大きさを実感します（㉗「コウモリ（後編）」参照）。

少年院で働く法務教官は、少年鑑別所の法務教官と同じ、法務省専門職員（人間科学）法務教官部門の採用の国家公務員です。

●児童相談所（児童福祉司、児童心理司）

児童相談所は、児童とその家庭への援助を目的として設置された行政機関です。地方自治体によって「子ども家庭センター」などの名称で設置されている場合もあります。養護、虐待、発達相談、非行など、その守備範囲は多岐にわたります。

家裁からは家事事件、少年事件の双方で、さまざまな形で連携を取ることがあります。例えば、児相係属歴のある少年について、児童相談所からこれまでの指導状況などを聞くこともあります。虐待事案では、児童相談所が申立人となることもあり、その立場で話を聞くこともあります。また、少年を児童自立支援施設に送致する見込みがあったり、家事事件の未成年者が児童養護施設等に措置されている場合にも、児童相談所を窓口として調査を行います（⑱「いやなこと」、⑲「五千通りの人生」参照）。

児童相談所でケースワークを行っているのが児童福祉司、テストなどで心理判定を行っているのが児童心理司です。いずれも一定の実務経験や資格を有する者が、各地方自治体の職員として採用されます。

●補導委託先（受託者）

少年の処遇をすぐに定めず、「試験観察」として一定期間様子を見る中間処分をすることがあります。その間、少年を自宅で生活させるのが「在宅試験観察」、民間の施設や雇用主に預けて生活の指導をしてもらうのが「補導委託」です。補導委託には、期間中ずっと少年の身柄を預ける「身柄付き補導委託」と、数日間ボランティアのような形で体験をしてもらう「短期補導委託」があります。

長期の委託先は更生保護会、飲食店や工場、旅館など、短期の委託先は老人ホーム、知的障害者施設など、いろいろな特色ある補導委託先があります。民間ならではの仕事の厳しさを体験したり、住み込みの形で生活を監督してもらったりします。受託者の方々はどなたも長年非行少年たちと本音で向き合ってきた経験があり、補導委託は少年にとって人生の転機となるかもしれない貴重な経験です（㉗「コウモリ（後編）」参照）。

●弁護士

家事事件の当事者は「手続代理人」として弁護士を委任することができます。当事者の言い分を聞いて申立書を作成し、当事者の主張や事実関係について、法的な理由づけをして主張したり、疎明資料を提出するのがその役目です。調停室には当事者とともに入室しますが、弁護士だけが調停に出頭することも可能です。基本的には依頼者の立場に立って法的な主張を尽くすのがその役割です。対立が深刻になると、直接やりとりができない当事者もおり、その場合には弁護士が窓口となって期日外で当事者間の調整を行います。その関わりの濃淡はそれぞれですが、金銭面の整理や面会交流の日程調整に始まり、時には荷物の受け渡しに立ち会ったり、事務所で面会交流の試行を実施する弁護士もいて、こうなると当事者と二人三脚といった雰囲気です。いざという局面では、当事者にとっては納得いかない結論であっても法的な見通しを伝えてくれることもあります。

なお、家事事件では「子どもの手続代理人」といって、当事者が委任した弁護士とは別に子どものためだけに選任される弁護士がいます。特に子の福祉に注目し、子どものために動く必要があると考えられる場合で、当事者からの請求以外に、裁判所の判断で選任する場合もあります。子どもとの面接が一回から多くても二、三回の調査官と違い、多くの場合、何度も足を運んで子どもと面接し、子どもの心情や意向について意見を提出してくれます。

少年事件では、弁護士は「付添人」という名前になります。少年が被疑者として勾留された段階で、本人が希望すれば事件名にかかわらず「被疑者国選弁護人」が選任できることから、身柄事件の少年については付添人弁護士が選任されるケースがほとんどになりました。少年に面接し、被害者との示談交渉に当たったり、保護者の引受態勢を調整したりしてくれます。基本的には少年の立場に立って主張してくれる役割ですが、優しいばかりではなく、自分の味方だと思っていた付添人から厳しく叱られたり、被害者の率直な反応を伝えられ、ピリッと緊張した顔を見せる少年もいて、調査官とはまた違う立場から、少年の立ち直りを真剣に考えてくれる存在です。

第3部

森の中の小川

民法、戸籍法、特別法に関わる審判事件

「余所見《よそみ》をしたり、自慢げにしたり、誰かを出し抜いたりしようとするものはいない。これが当然の役目であると、皆がよく知っている。木々に閉ざされた森の奥を、緑の小川は物音も立てず、ひと時も休まず流れていく」

――『人質の朗読会』小川洋子著、中公文庫、二〇一四年

ここでは、家事事件のうち「審判事件」を集めました。家裁には、民法以外にも、戸籍法、児童福祉法などで「家庭裁判所の許可を要する」と定められている事件が数多く申し立てられます。調査官の調査を経ることなく、申立資料を含めた書類審査などで裁判官の判断がなされる件も多くありますが、ここに取り上げた事件は、子の福祉が問題となったり、事実の調査を必要とするなどの理由で、調査命令が出されることが多い類型です。調停とは異なり、当事者間の対立構造はありませんが、特に児童福祉法二八条事件については、児童虐待対応として、難しい調査を求められることが多い事件ですし、その他の審判事件も、当事者それぞれの人生の重みを深く考えさせられる事件ばかりです。

15

シンデレラ——特別養子縁組

親子になる覚悟

家庭裁判所には、毎日さまざまな表情の親子がやってくる。疲れた表情で幼い子の手を引く母は離婚の申立て、ピアスに仏頂面の若者と悲壮な顔の中年男女の組み合わせは少年事件か。誰も彼も何か難題を抱えているようでもあり、楽しそうには見えない。そんな中、家裁では珍しいほど仲むつまじそうな夫婦に幸せそうな子となれば、多くは特別養子縁組の申立人だ。

児童相談所や民間団体のあっせんで子どもを引き取り、実子として育てたいという申立てが「特別養子縁組」である。養親子双方の年齢制限や、試験養育期間の設定など、実親子同様の関係を築くことを目的とした条件が多々あり、その効果においても実親との関係が切れることや、親側からの離縁が認められないこと、戸籍の記載に工夫があることなどが「特別」の所以である。

最初の面接に子どもを連れてくる夫婦もいる。子どもは手の甲にエクボができるほどぷっくりと肥って愛らしく、妻が話す間、夫が子どもをあやす手つきも手慣れたものだ。面接は、不妊治療の経緯や医学的な理由で妊娠をあきらめた時の気持ちといった話題に及ぶことも多い。一つ間違えば夫婦不仲に発展しかねないデリケートな困難も二人で乗り越えてきたことがよくわかる夫婦ばかりだ。

引き取った時の子の年齢によっては、四六時中親にしがみついて離れないとか、過食やおねしょなど、なかなかハードな「試し行動」をしてくることもあるが、多くの夫婦は忍耐と根性とちょっとした笑いで乗り切っている。

「子どもがね、道ばたでひっくり返って何度も何度もかんしゃくを起こすんです。もう私も泣きたくなって、一緒に道に寝転がって、ウワーッて叫んだんですよ。歩いてた人も寄ってきたら、子どもがもう目を丸くして、やめて〜って」

「それでかんしゃくが収まった？」

「そうなったらいいオチなんでしょうけど、全然！」といった具合だ。多くの申立人が、さまざまな困難を抱えつつ、やっと手にした子どもとの生活を幸せそうに語る。

こちらから「縁起でもないことをお聞きしますが、もし今後、子どもさんに障害があることがわかるとか、グレるとか、そんなことが起きた場合にどうされますか」「水を差すようですが、もし万一、ご夫婦が別れるようなことになったらどうされますか」などと聞くこともある。意地悪で聞いているのではない。テストではないから、正解もない。さまざまな「もしも」を考えて覚悟してくれたことがわかればそれでいい。

子を手放す覚悟

光があれば影もある。特別養子縁組の実親面接、というのは調査官の仕事の中でもなかなか気を遣う面接の一つである。

茶髪の母親は二二歳。外国人が出入りするバーで遊んでいて知り合った黒人男性と関係をもち、妊娠してしまった。子が産まれるまで、渋々ながらも「アンタが産みたいならしょうがないでしょ」と言ってくれていた親は、産まれた女の子の浅黒い肌と強くカールした髪を一目見て、手のひらを返したように養子縁組を勧めるようになったという。「情けないけど、自分も子どもの顔を見たら、ビビってしまった。どうしてもこの子どもをシンママ（シングルマザー）で育てる勇気がなかった。一生、どこに子どもを連れて行ったって、肌と髪を見たら『パパは？』って聞かれると思った。何をどう説明しろっての。カネだってないし、子ども抱えて仕事なんて探せない。養子に出すしかないじゃん」。母はぞんざいな口調で言い募るが、その目には涙がにじんでいる。

また別の母親は一五歳だ。子どもの戸籍の父の欄は空欄だが、児童相談所の記録には、子どもの父親は二歳上の兄であると記載してある。面接にやってきたのは、祖父母と呼ぶには若すぎる、地味なスーツ姿の両親。「生まれた子どもを養子縁組に出すことはもちろん同意します。娘もそのつもりです。でも、普通に育ててきたと思っていたのに、何が悪かったのかわからない。児童相談所からは、とにかく息子と娘を離すように言われて、息子は親戚の家に預けました。娘はせっかく受かった高校にも行かずに部屋に閉じこもっています。私たちは、被害者の親ですけど、加害者の親でもあるんです。私たちは、どうすればよかったんでしょうか」。果てしのない母の堂々巡りは続く。

「何か聞きたいことは」というこちらの質問に、それまでじっと黙っていた父親が口を開いた。

「……先方は、子どもの父親について、知っておられるのですか」

申立人は子が生まれた経緯も承知で子を引き取っていること、面接では「裁判所の記録に残すのは、実母が若くて子を育てられなかった、ということだけにしてほしい。自分たちも、実父のことは子どもには告げず、墓まで持っていくつもりだから」と言っていたことを伝えると、父母は深々と頭を下げ、そのまましばらく動かなかった。

実親側の抱える事情は、一つひとつがどれもこれも違って抜き差しならないものばかりで、私はいつも「幸福な家庭はどれも似たものだが、不幸な家庭はいずれもそれぞれに不幸なものである」(トルストイ)という言葉を思い出す。

それでも、実親と会えるケースはまだいい。偽名で出産し、出産費用を払わないまま行方知れずになってしまった実母、子どもを乳児院に預けたまま相次いで亡くなってしまった実父母。

次々にできる民間あっせん団体にも、それぞれのポリシーがあるようで、養親に付す条件や、双方の情報をどのくらい伝えるか、出産後の実親に対するフォローをいつまで続けるかという方針もさまざまである。

海外での代理出産の事例が特別養子縁組として申し立てられることも増えてきた。メディカルツーリズムという言葉も初めて聞いたが、代理出産を行える国は、アメリカからタイやインド、カンボジアと次々に移り変わっている。実母の同意書はまるで読めない異国の渦巻き文字だ。穴が開くほど同意書を眺めても、実母がどんな気持ちでこれに署名したのか、私にはまるで推測ができない。

特別養子縁組事件を扱うたびに、自分と血のつながった子どもをもちたいという願い、自分が産んだ子を育てられない悲しさ、血がつながらなくても子どもを育てることの幸福といった、相反するさまざまな感情に出会う。共通するのは「子ども」「親子」への強い思いである。

ビューティフル・ネーム

二二歳の母が産んだ浅黒い肌の女の子は、養護施設からある外国人夫婦に引き取られた。夫は世界的企業の役員待遇、妻はアジア出身の三ヵ国語を話す才媛である。養子縁組にも玉の輿があるんだと思ったものだ。

この夫婦は妻の母国ですでに一人、養子を迎えていた。家庭訪問に行くと、広い家の中を、男女の子どもが二人、まるで子犬のように勢いよく走り回っていた。あれほど実母を苦しめた肌と髪は先に迎えた養子とそっくりで、二人は血のつながった兄妹にしか見えなかった。

子に対して「パパとママはね、あなたと本当の家族になりたいって。あなたにも、パパやママ、お兄ちゃんと同じお名前になってほしいと言ってるんだけど」と言いかけると、子は目を輝かせて「ほんとう？　なりたい、なりたい」と叫び、新しい自分の氏名を歌うように口ずさんだ。

縁組の成立後、夫婦は子どもたちを連れ、多民族国家として知られる夫の母国に赴任していった。その年のクリスマス、私のもとに写真入りカードが送られてきた。ハロウィンだろうか、さまざまな髪色の子どもたちに混じって仮装をした兄妹は一目でわかった。妹は青いドレスを着てシンデレラの仮装、白い歯を見せて満面の笑顔だ。王子様の仮装をした兄がナイトのように寄り添っていた。

よかったね。幸せになろうね。

16 バースデーケーキ——就籍

夕暮れの街角

発端は、一件の交通事故だった。夕暮れ時、買い物途中だった中年女性が、車にはねられて亡くなった。財布の中にあった何枚かのポイントカードから女性の名前と自宅がわかり、夜遅くなって、警察官が女性の自宅に赴いた。そこで警察官は、その女性と一緒に暮らしていた娘に、母の死を伝えなければならなかった。最初、高校生と思われる娘の話が要領を得ず、母の本籍も言えないのは、母の死に動揺しているからかと思っていたという。警察官は、女性の死亡届を出すために戸籍を取り寄せ、初めてその娘が戸籍に載っていないことに気づいた。そして、一歳下だという弟も。姉弟は、無戸籍のまま、本当ならばもう高校に通っていていい年齢になっていた。

その後は、警察官から連絡を受けた市役所の福祉課の職員が奔走して女性の葬式を出してくれ、児童相談所と交渉して、養護施設を出た子どもたちが生活しているグループホームで姉弟が暮らせる手はずを整えてくれた。そして、とにかく何をするにもまずはあなたたちの戸籍を作らなければ話にならない、と家庭裁判所への申立書を用意してくれたのだという。

……といったいきさつがあって、私の手元には「就籍」という事件名のついた薄い記録があり、姉弟は心細げな表情で今私の前に座っている、というわけである。

「就籍」とは、日本人であるにもかかわらず、何らかの事情で戸籍のない人に新たに戸籍を作る、という意味の事件名である。生み捨てられた乳児に関する申立や、長年ホームレス生活を送るうちに認知症になってしまい、自分の戸籍のあった場所も思い出せなくなった老人からの申立など、実にさまざまなバリエーションがある。中には、意図的に戸籍をごまかそうという目的で記憶喪失を装う人の申立も混じり、詐病ではなく本当の「全生活史健忘」なのかどうか、医務室技官に依頼して申立人の診察をしてもらうこともある。申立の事情によっては、一筋縄ではいかない調査になることが多いが、いずれにしても、最初の申立人本人の陳述が決め手になるので、先入観をもたず、鵜呑みにせず、丁寧に話を聞くことが出発点である。

姉弟がポツポツと生い立ちを語る。学校にも行っていないという姉弟の生育歴は、時系列もあいまいで、ひどく流れをつかみにくい。

自分たちが小学校に行っていないことを不思議に思うようになったのは、七～八歳の頃だった。夏になると公園にたくさんいる遊び相手が、ある日、途端にいなくなった。「どうして?」と母に聞いたら、母は困ったような顔をして、「学校に行ってないのは、ほかの人にバレちゃいけない。だから、夕方になるまで外に出ちゃダメ」と言った。何かいけないことを聞いてしまったのだなと思った。「お母さん、つかまる？」と聞いたのは姉のほうだったと思うが、母はうなずいた。それ以来、学校のことを母に聞いてはいけない、と思うようになってしまった。

姉弟の年が近かったこともあって、遊び相手には困らなかった。ゲームやマンガは、不思議なほど母が買ってくれた。漢字は、母が買ってくるドリルで覚えたというが、申立書の字はつたなく、十分な教育を受けた様子ではない。しかし、姉弟が覚えていたゲームやマンガ、テレビ番組のタイトルや、その生活様式から、少なくとも姉弟が物心ついた頃から日本で生活していたことは間違いないと思われた。

姉弟によれば、毎日一緒に暮らしていたわけではないが、たまに家にやってくるおじさんがいて、何となく、この人が自分たちの父親なのかなとも思っていた、という。

姉弟から連絡を取ってもらい、後日、その「おじさん」からも話を聞くことができた。母とは内縁の仲だった、という。取引先でパートとして働いていた母は、健気なシングルマザーに見えた。母と知り合った時、姉弟はすでに四〜五歳。自分は子どもたちの父親ではなく、当時は別に家庭があった。母と男女の関係をもったあとで、母が別居中の夫の暴力から逃げているらしいことも聞いて、とっさに慰謝料を請求されるかなと思ってしまったこともあり、母との間で結婚の話は出なかったし、出せなかったという。十分ではなかったが生活費の援助はしていたし、子どもたちが学校に行っていないことも、薄々気づいてはいたが、母から「夫に居場所を知られたくないので、住民票を移せない」と言われると、無責任なようだが、それ以上何も言えなかった。まさか子どもたちの戸籍がないとは思わなかった、申し訳ない——。

透明な子ども

「三〇〇日問題」という言葉を新聞などでご覧になったことがあるだろうか。民法七七二条の規定により、夫婦が別居していても、妻が戸籍上の夫以外の男性との間に子を産んで出生届を出した場合、婚姻中はもちろんのこと、それが離婚後三〇〇日以内のことであれば、元夫の嫡出子として戸籍に記載される、という問題である。実際の血縁関係に沿った戸籍の記載にするためには、家裁において「親子関係不存在確認」や「認知」等の調停を行う必要がある。しかし、別居中の夫あるいは元夫が手続に関わってくるため、これらの手続自体を尻込みする女性はことのほか多い。やっと夫の暴力から逃げてきたのに、今さら連絡を取って居場所が知られたら、ましてや別の男性との間に子どもを産んだなどと言おうものなら、どのような暴力を受けるか、慰謝料を請求されるか……。

尻込みしたまま子の出生届が出せず、無戸籍となっている子どもが日本中で一万人以上いる、という民間団体の推計が発表されたこともある。無戸籍の子どもは、法律上存在せず、学校にも通えない。人生のスタートラインにすら立てないのが「無戸籍」という状態である。

そもそも、この姉弟については、母が亡くなり、父親がわからない以上、戸籍届出をすべき人間はいないわけだから、新たに戸籍を作るには「就籍」の手続によらざるをえない。

母の笑顔

この事件の調査では、母の戸籍上の夫に対して照会書を出した。何か言ってくるかとしばらく身構えて待っていたが、夫からは「母とは、子らが生まれる何年も前に別居しており、自分の子どもではありえない」とだけ、そっけない返事が来た。母の戸籍をたどり、母の親族にも照会をしたが、「長年連絡を取っておらず、子どもが生まれていたことも知らなかった」と返事が来た。どちらも、子どもたちがこれからどうやって生活していくのか、聞いてくることはなかった。

夫から逃げ、親族からの援助も得られず、母がどうやって二人の子を産み、内大に出会うまでの数年間を過ごしてきたのか、そこはわからない。戸籍のことを先延ばしにしてきた母を無責任だと責めるのは簡単である。それでも、きっと子どもたちの戸籍のことを、母は亡くなるまで気にしていたに違いない、と私は思う。そう思うには理由がある。

就籍事件では、乳児の場合を除き、生年月日を定める理由として「本人がそう言っているから」「長年本人がこの誕生日を使ってきたから」などとしか言いようがない場合が多いのだが、この姉弟に関しては、自信をもって生年月日を特定することができた。「何でもいいから、子どもの頃のことがわかる資料を持ってきてください」との指示に、姉弟が持参したアルバムには、毎年毎年、バースデーケーキを前にした子どもたちの写真が残っていたからである。「〇年〇月〇日、姉三歳」「〇年〇月〇日、弟二歳」、几帳面な字で書かれた日付と、姉弟の名前を追っていくと、届出を出せないまま亡くなった母のことを、決して責める気にはなれなかった。

古い写真の中で母は、幼い姉弟を両腕に抱き、さっぱりした笑顔で笑っていた。審判を書いた裁判官も、母の写真を前に、「お母さんも、これで安心してくれたかねえ」としみじみした口調で言った。

〔注〕令和六年四月一日から施行される民法改正により、離婚後三〇〇日以内に生まれた子どもも、女性が再婚した場合には再婚した夫の子と推定されるようになった。ただし、女性が再婚しない場合はこの規定は対象外である。令和四年の民法改正や、無戸籍者が戸籍を作るための手続などの詳細については、法務省のホームページに掲載されている。
https://www.moj.go.jp/MINJI/minji07_00315.html
https://www.moj.go.jp/MINJI/minji04_00034.html

17 帳尻を合わせる——成年後見

弱きを守る

調査官になったばかりの頃、「家庭裁判所は、弱者を守る裁判所だ」と先輩から教わった。弱者とは、少年であり、子どもであり、実は高齢者や障害者もその対象である。認知症になったり、知的障害や精神疾患により、自分自身ではその財産を管理できない人の財産について誰かに管理を委ねたり（後見）、必要な部分に限って代理や取消といった形で法的行為における支援をできるようにする（保佐、補助）、というのが成年後見制度の趣旨だが、成年後見にまつわる仕事も、家裁の業務のかなりの部分を占めている。

怒る妹

この日もふと気づくと、若い書記官が、ずいぶん長い時間、受付で対応を続けていた。普段は多少難しい当事者の対応も難なくこなす書記官だけに、それとなく相手の様子を窺うと、成年後見制度のパンフレットを手に、顔を紅潮させた中年女性がまくし立てている。

「家裁は、高齢者の財産を守ってくれるんでしょ？」

「ですから、もし親族の反対があったら、あなたを後見人に選ぶことは難しいんですよ」

「じゃあ黙って母の財産がなくなるのを見てろっていうこと？　そんなひどい話！」

女性は書記官の説明に一向に耳を傾けようとしない。

半ば強引に女性が置いていった書類を書記官から見せてもらう。認知症の母について成年後見制度を利用したいとの申立てだが、女性の姉が母と同居しており、その姉が財産を取り込んでいて財産の全容や母の年金額もわからないとして、申立てに必要な財産目録や収支表はほとんどが「不明」のままである。意思能力についての診断書も、三年も前に一度母を診断した内科医が「加齢による判断力の低下を認めた」とだけ書いたもので、判断材料としては使えない。つまり、申立てに必要な資料はまったく揃っていないにもかかわらず、申立書には「早く姉から財産を取り戻さないと、母の財産は全部使い込まれる。姉には知らせず、早急に自分を後見人に選べ」などと書き連ねてある。書記官も「必要な資料は自分で揃えてと言ったんですけどね」と困惑顔である。

明らかに親族間の紛争が予想される申立てである。裁判官と相談して、通常は参与員が行っている「受理面接」を調査官が担当することにして、まずは、申立人と面接して話を聞くことにする。

「父が亡くなるまでは、姉とは普通の姉妹だったんです。父の遺産をちゃんと見せて、法律どおりに分けてと言っただけなのに、姉からは『恩知らず、親不孝者』と罵られて、母と会わせてもらえなくなりました。この間、やっと一年ぶりに母と電話で話したら、もう完全にボケてて、まるで話が通じなくて。きっと、姉が母の財産を取り込んでいるから、後ろめたくて私に母を会わせられないんです。母を引き取ってすぐ、姉の息子がマンション買うなんて不自然でしょう。こんな申立てが姉に知られたら、すぐに財産を隠されるに決まってます。私が後見人になって母の財産を守らなきゃ、赤の他人なんか信用できません」と、相変わらずの勢いである。

なるほど書記官が手こずっただけあり、親族間に紛争がある場合には、原則として第三者の専門家を後見人に選ぶこと、法定相続人である親族への意向照会は省略できないことを納得させるだけに一時間もかかった。

嘆く姉

姉あてに書面で照会をすると、案の定、「母は十分に自分で財産を管理できる。後見は必要ない」という記載に加え、「妹は金のことしか頭にない守銭奴。親の面倒を見ない者に、物を言う資格なし！」と強い筆跡で書き込まれた回答書が返ってきた。

くわしく事情を聞くために、姉とも面接した。勢いのある話しぶりは妹そっくりで、こちらからの質問の答えもそこそこに、姉も妹への非難を並べ立て始めた。

姉が口にする「介護の苦労」は、徘徊、失禁、見当識の障害といった認知症に共通するもので、介護度がすでに4だというのに「母の意思能力はしっかりしている。ゆっくり話せば理解する」という言い分からして疑問符がつくが、「妹は、親の面倒を見もせずにいたくせに、父が亡くなった途端、遺産のことばかり。母も辟易して、今は妹の顔も見たくないようだ。妹を後見人に選ぶなんてありえない。だいたい、父が倒れてから、私と母がどれだけ父の看病で大変だったか。妹はその間『仕事が忙しいから』って、知らんぷりで……」と、自分こそが正しいという口ぶりである。

父の介護のために仕事を辞め、今も母の介護に明け暮れているという姉は化粧気もなく、頭には脂気のない白髪も目立つ。ただ、姉が持参した母名義の通帳の数字をざっと追うだけで、姉が母を引き取って以降、母一人の生活費としては多額すぎる毎月の引き出しに加えて、大口の出金も続き、母が父から相続した預金はすでに一〇〇〇万円単位で減ったことがわかる。姉は堂々と「たしかに、私の息子がマンションを買うのに、母の援助はありました。でもそれは、母を引き取るから息子夫婦を独立させなきゃいけなくなって『お母ちゃん、いい？』と聞いて出してもらっただけです。私の夫の車を母のお金で買ったのも、月一回病院の送り迎えをしてもらうんだから当然でしょ。妹は独身で、そんな援助をしてもらえる予定もないから、妬いているんです。でも、私は自宅から短大、妹は仕送りを受けて都会の私大に行かせてもらって、それ以上の負担を親にかけたんですから、今さら妹に文句を言われる筋合いなんて」と悪びれない。

仮に後見が開始すれば、母の通帳は選任された後見人に引き渡してもらい、純粋に母自身の生活のためにのみ財産が使われることになると説明を進めていくと、だんだん姉の表情は固くなる。最後に「意思能力を判断するためには鑑定が必要」と告げると、姉の表情ははっきりと変わり「母と相談してから」と逃げるように帰ったあとは、「母は知らない人には会いたくないと言っている。鑑定を拒否する」との手紙を送ってきた。

現在の成年後見制度の運用では、本人の意思能力についての判断は医師の診断書か鑑定結果が前提となるし、親族間に紛争がある場合、一方の当事者を後見人に選ぶことはありえず、選任されるのは、利害関係のない第三者の専門家である。なのに、当事者はどこまでも争う。

成年後見の場で争う当事者たちを見ていると、何かの「帳尻を合わせたがっている」ように見える。それは金銭だけでなく、親から受けた愛情だったり、おおげさに言えば、人生の損得かもしれないと思う。金銭では決して帳尻の合わないものだから、争いは続くのだろうか。きょうだいや親子の間で交わされる容赦のない非難の応酬を聞くたびに、人生の折返し地点を過ぎ、家族と争うのはどんな気持ちだろうと思う。ましてや、人生の終盤になって、子ども同士が争っているのを見る親の気持ちは、とも。

何度も姉と電話で話を続け、「いつまでも手続を止めていても何も解決しない。あなたの話を聞いても、お母さんの能力は、何らかの援助を必要とする状態だと思う。いっそきちんと成年後見制度を利用したほうが、将来お母さんが亡くなられたあとまで、妹さんから財産を取った隠したと疑われ続けなくていいのでは」という説得に、ようやく姉が鑑定に協力してくれ、「後見相当」との医師の鑑定結果が出た直後、ふいに事態が急転した。その夏の酷暑で母が体調を崩し、亡くなったのである。

後見事件は当然取り下げとなったが、数ヵ月後、今度は「妹が協議に応じない」と姉から遺産分割の申立てがあった。何しろ姉の自宅が建っている土地は母名義である。妹と話をつけないことにはどうにもならない。受付では書記官相手に涙声で「喪主挨拶の最中、妹に大声で罵られて、母の葬儀を台無しにされた」と愚痴っていったらしい。「両方から話を聞くたびに、どっちが弱い立場なのか、わからなくなっちゃうんですよね」と書記官がため息をつく。

介護に明け暮れた姉の苦労もわかるが、母に会えないまま逝かれてしまった妹の怒りも収まりどころがないだろうと思う。裁判所の立場からすれば、肝心の母の、気持ちも財産も守ってあげられなかった、という後悔もある。「どっちも弱いし、どっちも強いんだと思っとけば間違いないよ」というのが、私の答えである。

［注］現在の家裁の手続では、直近の医師の診断書がなければ申立自体を受けつけない扱いとなっている。

18

いやなこと——児童福祉法二八条一項

拒絶

「帰れ！」

その少女は養護施設の応接室に入ってくるなり、私たちを指さして言い放った。

「おまえら、うぜぇ。話す気ねーよ」

むむ、歓迎されると思ってはいないが、彼女とは初対面だ。少女は「カーエレ、カエレ」とはやし立て、一緒に調査に来た若い後輩調査官は、横で青ざめている。しかし、少女の言葉は荒いが、表情は怒っていない。小さく深呼吸して、できるだけ落ち着いた声に聞こえるように、言葉を選ぶ。

「まあ、座ろう。あなたの話を聞きにきたよ」

知的障害のあるその少女について、実父による性的虐待の疑いがもたれたのは、その半年前のことだ。中学校に入学早々、保健室にやってきて「先生もセックスするん?」とあけすけに養護教諭に聞いたのだという。

性的被害が疑われ、中学校で聞き取りが行われた。少女の話は首尾一貫せず、少なくとも継続的に性的被害に遭っているらしいこと、その相手が少女と二人暮らしの父親らしいことはわかるものの、少女が「あれ、ジョーダン」と話をはぐらかすに至って「いやなことをされたら、いつでも相談しよう」と話を終えざるをえなかったという。

その後も、知的障害のためか、しつけの問題なのか、少女はよく排泄を失敗した。学校で養護教諭が下着の取り替えを手伝った際、少女の尻にマジックで「へのへのもへじ」の落書きがされているのを見つけ、少女が「お父さんにやられた。胸も触られた」と泣き出したことで、学校は児童相談所への通報に踏み切った。

婦人科の診察を受けさせた結果、少女には性交経験があることが確認された。児童相談所は父に少女の施設入所を提案したが、父は頑として受け入れない。児童相談所は、少女を一時保護し、家庭裁判所に、保護者の意思に反して児童を養護施設に措置することの許可を求める「児童福祉法二八条一項」事件を申し立てた。

父は調査には出頭し、尻への落書きだけは自分の手によるものと認めたが、「シャレや、シャレ」とうそぶき、性的虐待の事実は真っ向から否定した。薄ら笑いを浮かべ「男親やから誤解されるんや。娘をここに連れてこい。仮に、父親からいやなことをされてたら、娘が家に帰りたいと言うわけがない。帰りたいかどうか、ワシが聞く」と言う。

「診察の結果、娘さんが性的な経験をしているのは確かです」と告げると、父は薄ら笑いを素早く引っ込めて、今度はすごんでみせる。

「娘をここに連れてこんかったら、調査官を職務怠慢で訴えるで。国家賠償や。週刊誌にも実名でたれこんだるわ。ネットでもええぞ」

「裁判所は、裁判所が適切だと考える方法で、家の中で何があったのか、娘さんはそれをどう感じたのか、もしいやがるべきことをいやだと思っていないなら、それはなぜかも含めて調査して結論を出します。娘さんが家に帰りたがったからといって、イコール虐待の事実がなかったということにはなりません。報告書を読まれて、調査方法に問題があると思われるなら言ってください」

父の面接を終え、後輩調査官と一緒に学校や児童相談所を走り回り、この家族の過去をたどる。少女には年の離れた兄姉がいた。どちらも身体的な虐待被害が疑われたが、虐待で保護されるより先に、問題行動を起こして教護児童として児童相談所に保護されていた。兄は昨年少年院を出て家に戻らず、姉もこの春から交際相手と同棲して家を出ている。手に負えない兄姉に比べれば、少女はまだ父の言うことを聞いて素直だった、そんな可愛い娘にいやらしいことなどするはずがない、というのが父の言い分だ。

話を聞けば聞くほど、正義感の強い後輩が怒ることといったらなかった。

普通

まだ「カーエレ、カエレ」と連呼する少女を手招きして、面接のルールを説明する。今施設にいるのは、あなたが悪いことをしたからではないこと、調査官はあなたの家で起きたことを何も知らないこと、質問にはわからないと言っていいこと。

アナトミカル・ドローイング（裸の男女のイラスト）を見せながら、手足から始まって、性器も含め、身体の各部所をどう呼ぶかも確認する。恥ずかしがらず、淡々と。

後輩には事前に「私はメモを取らずに話に集中するから、彼女の答えだけじゃなくて、表情も仕草も全部観察して記録して。私の問いも」と頼み、彼は口を一文字に結んでペンを構えている。

「話してやってもいいけど、おまえら、お父さんに怒られるよ。うちのお父さん、めっちゃ怖いよ」

「大丈夫、怖くないよ。こういう話を聞くのが私の仕事だから」

「ふーん。お父さんが布団に入ってきた時のこと？」

「そう。布団の中で、何があったか話してくれるかな」

「お父さんが、うちのアソコにあれを入れた」

「あれって」

「これやん」

少女はドローイングの男性性器を指す。

「そう。それは一回、それより多い、それともわからない」

恥ずかしがらず、淡々と、そして詳しく。性交被害は一度だけではなく、少女が中学に入ってから始まり、継続的に続いていた。

「それをされてる時、どんな気持ち？」

「普通だよ、血がつながってんだから」

「普通って」

「普通は普通だよ」

表情カードを取り出す。柔らかい色合いの水彩で描かれたさまざまな表情の顔が三二種類並び、その下に『うれしい』『つかれた』『くやしい』などの文字が添えられているものだ。

「この中で、その時のあなたの気持ちに近いものがある？　いくつ選んでもいいし、なかったらそれでもいい」

少女は身を乗り出して表情カードに見入り『ショック』と『つらい』、そして『うれしい』を選ぶ。

「お父さんは、おまえが大切だとわからせるためにやったと言ってた。だから『うれしい』。けど、親のすることじゃないやろって思った。だから『ショック』。お父さんがそんなことする人だと思うこと自体、『つらい』」

なるほど。最初の発覚以降「いやなことをされたら相談しよう」という指示が奏功しなかった理由がわかった。父が支配する世界で育ってきた彼女は、自分がされたことが「いやなこと」かどうかもわからなかったのだ。彼女にとっては尻への落書きのほうがよほど「いやなこと」で、それだけでも、父の行為がどれほど彼女の世界を混乱させたかと思う。

「お父さんに何か、伝えたいことはあるかな？」

少女は手に持っていた表情カードをまた開く。

「お父さんと一緒にいると『勇気がわく』し、『安心する』こともあったよ。いやなことばっかりじゃないよ」

「わかった。いいところもあると言ってたとちゃんと伝えるね」

「いやだ」と言える

少女が暮らす施設は、「地域小規模児童養護施設」といい、ごく普通の一軒家に幼児から中学生まで数人の子どもたちが暮らしている。天井の高いリビングにはソファがあり、ゲーム機があり、学校の友達が遊びに来る。

面接に同席した施設長は「会いに来てくれた人にいきなりカエレは失礼やで。調査官は優しいから怒らへんけど、普通はムッとすんで」と少女を軽くたしなめ、応接室から出した。少女は早速、リビングで幼児と遊び始めている。施設長は言う。

「まず、自分がいやだと感じたことをいやだと言えるようになる、というのが今の課題だよと彼女に伝えてます。カエレは予想外でしたが」

少女の混乱した世界を思い、これから始まる、長い長い施設職員の働きかけを思うと、深く頭を下げるしかなかった。

帰り際、少女は、私たち二人に用意していた手紙を手渡してくれた。手紙には鉛筆で何度も書き直した跡があり「あいにきてくれてありがとう、おしごとがんばってください」とあった。どんな気持ちでこれを書き、どんな気持ちで私たちに「カエレ」と言葉をぶつけたのか。話せる相手かどうか、観察されていたのはこちらかもしれない。後輩も黙って手紙を見つめていた。

結局、父は調査のあと、審判には出頭せず、父への伝言を記載した調査報告書も読んではくれなかった。ただ、児童相談所の指導には渋々来庁しているらしい。どこかで少女の伝言を聞くだろうか。

19

五千通りの人生——児童福祉法二八条一項

フローズン・アイ

私はこの春、家庭裁判所に就職してからちょうど二五年になる（注・執筆当時）。調査官が年間に扱う事件の数はおよそ百件から二百件、一件で二人くらいの話を聞く、と計算してみると、調査官として会った人の数は少なく見積もってもざっと五千人以上ということになろうか。何を聞いても「別にー」「フツー」としか答えないギャルメイクの少女から、聞いているほうが涙が出そうな壮絶な戦争経験を乗り越えてきた高齢者まで、五千人には五千通りの人生があり、どれ一つとして同じものはなかった。

たいていの事件では驚かなくなったが、児童福祉法二八条事件だけはいつもちょっと構えて記録を開く。保護者が児童を虐待するなどしていて、かつ施設入所等の措置に同意しない場合に、児童相談所が家裁の許可を求めるというのがいわゆる「二八条事件」だ。身体的虐待、ネグレクト、性的虐待と、申立に至る事情はさまざまで、児相の説明を聞いても施設入所に同意しないというのが申立ての要件だから、保護者の抵抗や反発も半端なものではない。

今回も、記録を開くと痛々しい傷をさらした幼い男の子の写真が目に飛び込んでくる。頭に血のにじんだ包帯を巻き、脇腹には青黒いアザ。薄い肩を不自然なほどに強張らせ、視線はこちらを見ているが目はうつろだ。児相に通報した医師の診断は、頭の怪我はその形状から、何か尖った板状のものをぶつけられてできた可能性が高いこと、腹部には時期の違う複数の受傷跡があること、平均を下回る身長体重からはネグレクトも疑われることを告げていた。

両親は児相に対して、真っ向から虐待を否定している。子の怪我については偶発的な事故によってできたものであると主張し、児相の一時保護に対する不服処分や情報開示請求を矢継ぎ早に申し立てている。家裁に記録を持参した児童福祉司は「とにかく口が立つ父親でしてね」とほとほと疲れていた。裁判官の審問に対しても、両親は施設入所には同意せず争う意向を示したため、本格的な調査が行われることになった。

面接にやってきた父は、口を開けば、ああ言えばこう言う。

「調査官はつまり、親が犯人だと言いたいわけか？」

「親御さんが加害者だなんて言ってませんよ」

「さっきはそう言った。証拠もないのに人を犯人扱いするのは侮辱罪だろ？　裁判所の人間が一旦言ったことを認めないのか、謝れ！」といった調子で、言っていることはめちゃくちゃだが、いちいちこちらの言葉尻をとらえて話を混ぜ返してくるので肝心の話は進まず、やりにくいことこのうえない。受診のきっかけになった頭の傷だけは「ちょっときつく叱ったら、子どもが驚いて逃げようとして頭から窓に突っ込み、ガラスが割れて怪我をした」と説明したが、脇腹の古いアザについては「元気がいいぶん転びやすい子で、どこかにぶつけたんだろう。虐待をでっちあげるために児相でやられたのかも。それなら、損害賠償を求める」と薄笑いを浮かべて言う。

母はと言えば、父のそばであいまいにうなずくだけだ。父母を別室にして話を聞いても、母は「はあ」とか「さあ」とか言うだけでまったく手応えがない。家庭内での子への暴力について聞くと「父は言うことはきついが、子を叩いたことはない」と言うものの、それ以上くわしい話にはならない。それよりもこちらが父とのやりとりだけでヘトヘトになってしまった。

しかし、送致書類からは、子の怪我は家庭内で起きているとしか考えられない。父の高飛車な物言い、攻撃的な態度は防衛の裏返しのようにも思えて、父の加害を疑ったが、その確証も得られない。これまで、子は保育園にも幼稚園にも通っておらず、客観的な立場からの事情はわからない。

途方に暮れるような気持ちで記録を読み直していると、添付されている母子手帳の検診記録に「要経過観察」とのスタンプがいくつも押されているのに気づいた。保健所に電話をかけて家裁調査官だと名乗り、子どもの名前を言うと、電話口の保健師はすぐに何かを思い出した様子で「あ、あの子ですね」と反応が返ってきた。調査についての了解を得て保健所を訪ねると、柔和な笑顔の保健師が現れた。新生児検診から子を見ていたという。保健師は、手元の子どもの身長体重の推移や、検診時の観察記録をたどりながら、母の説明と実際の体重の増え方に矛盾があったことや、離乳食の進め方のおかしさ、子の年齢とオムツかぶれの矛盾、そこから考えられる可能性といったことを丁寧に説明してくれた。ネグレクトと子の発達障害、母の精神疾患を懸念しながらこの親子に関わってきたという。「保護に至るまではないが状況が懸念される親子」に対して、目の前の一つひとつの事実を丹念に拾い上げ、さまざまな可能性を常に修正しながら継続的に関わっていく姿勢や、同時に検診を受ける何百人という子どもたちの中から、わずかな手がかりで異常のサインをスクリーニングする目の確かさに驚かされた。保健師は「これまでは近くに住んでいる母方祖母が助けてくれているので、何とかなっていたんですが、調査官のお話を聞くと、少し前から状況が変わったようですね」と控えめに言った。

連鎖の家

予告していた自宅訪問の日、父は「急に仕事が入った」という理由で不在だった。

玄関を入った瞬間、異様な臭いがした。饐《す》えたような埃の臭いだ。廊下の隅で埃をかぶっている段ボールや、買い置きにしては多すぎる洗剤やトイレットペーパーの山を横目に見ながらリビングに入り、一瞬立ちすくむ。ソファの上には脱いだままの服、床の上に新聞や雑誌、何が入っているのかわからないレジ袋、あらゆるものが整理されずに積み上がり、雪崩を起こしかけている。キッチンには、洗われていない皿や鍋、カビの生えたパン、足元にいくつも積み上がったゴミ袋から透けて見えるのはレトルト食品と宅配ピザの箱。絶句して思わず傍らの母を振り返ると、母は焦点の合わないボーッとした目で立っていた。

父が自宅訪問を受け入れたのは、この家の状況を問題だとも感じていないからか。調査官は玄関先だけで帰ると思っていたのか。

狭い階段を上がると、べたつく床にスリッパが張りつく感覚がした。二階の散らかりようもリビングと大差ない。父が「子どもが突っ込んで怪我をした」と説明したその窓を見せてもらう。父の話からはベランダの掃き出し窓を想像していたが、実物は違った。確かにガラスはガムテープで修理されているが、ガムテープは端が茶色く変色して、子が怪我した時期に貼ったものとしては古すぎる。何より窓自体、子どもの背が届くギリギリの高さにある腰高窓だし、窓の外にあるのは奥行きが一〇cm程度の手すりだけだ。三歳児がどれほど動転したとしても、ここに自分から飛び込むはずがない。

家の中を案内しながら、母の話はとりとめなくあちらからこちらへと飛び始め、妄想とも思える突飛な話も交じる。母が精神に不調を呈しているのは間違いない。寝室のベッドに母と並んで座り、とりとめのない話に耳を傾ける。さりげない調子で聞いてみる。

「お母さんはさあ、お父さんから暴力振るわれたことないの?」

「……ないと言ったら嘘になる」

加害者は母だった。父が暴力を振るっていたのは母に対してだった。母の家事ができていない、食事がまずいと言っては、父は母に暴力を振るい、母はそのはけ口のように、子に当たっていたのだった。昨年、家事を手伝ってくれていた祖母が亡くなり、状況が悪化したようだ。

「子どもさんの頭の怪我、あれ、何がぶつかったの?」

「……鍋、かな」

それきり母は口をつぐみ、またとりとめのない話に戻ってしまった。

あたたかな重み

養護施設に保護されている子に会いに行く。写真とは見違えるほど真ん丸な顔の男の子が笑顔で寄ってきた。施設の職員に、私が自分に会いにきた大人だと教えられると、小さな手を伸ばし、ペタッと身体をすり寄せ、膝の上に乗ってくる。抱き上げてみると、体格はまだきゃしゃだが、その身体には子どもらしいあたたかな重みがある。保護以降、体重の増え方は著しいという。

「人なつっこいですね」と言うと、施設の職員は「誰にでも区別なく甘えすぎるんです。距離の取り方がわからないんですね」と言う。父母役に見立てた職員が思い切り可愛がり、その他の職員は少し距離を置く、と決めて接してきた。最近になってようやく、父母役の職員が当直でない夜は寂しがる様子が見られるようになってきたという。

あれからずいぶん経った。あの子どもも、もう中学生か高校生にはなっているはずだ。人生のスタート地点で過酷な目に遭ったこの子は、どんな青春を送っているだろう。そしてあの父は、母は、今どうしているだろう。

これも五千通りの人生のうちの一つである。

そだちところ——調査官の採用、待遇

あなたが家裁調査官になってみようかなと思った時、どんな試験を受け、どんな研修を受けて調査官として働くのだろう？　と思いませんか。ここでは「家裁調査官への道」をご紹介します。

Q

どうやったら調査官になれますか？心理学の資格をもっていると有利ですか？

A

裁判所職員採用総合職試験（家庭裁判所調査官補）を受けます。

一次試験は公務員試験に共通のマークシート、二次試験は記述式で、五領域（心理学、教育学、福祉、社会学、法律学）一五題の中から当日問題を見て自由に二題を選択する専門試験と、政策論文試験一題です。二次試験の面接は人物試験であり、口頭試問ではありません。試験の詳細は今後変更される場合もありますので、最高裁判所のホームページ（https://www.courts.go.jp/saiyo/index.html）を参照してください。

心理学系の大学の出身者が中心というイメージがあるようですが、採用者の六割以上は心理学系以外の学部出身者です。

採用に関しては、資格の有無は一切関係なく、採用後の優遇措置もありません。臨床心理士、公認心理師などの資格をもっている調査官も多数いますが、一緒に仕事をするうえでその有無を聞かれることはありませんし、採用されてからの仕事内容に差もありません。

ちなみに私自身は法学部出身で、養成部研修で心理学をはじめとする人間関係諸科学を学んでから現場に出ましたが、こういった諸科学の知識があると、当事者や少年に対する解像度がはっきりと上がりますし、将来予測の精度、働きかけの有効性も精度が上がりますから、資格の有無にかかわらず、どのような勉強もして無駄はありません。調査官は総じて勉強熱心で、学会などに所属して自己研鑽を続けている人がたくさんいます。

Q 家裁調査官補の研修ってどんな研修ですか?

A 調査官補として採用されると、約二年間の研修期間があります。埼玉県和光市にある裁判所職員総合研修所で前期三ヵ月の合同研修を受けたあと、全国の採用庁に散らばって一年一ヵ月の実務修習(OJT)、後期六ヵ月の合同研修を受け、最終的な試験に合格すると「補」の字が取れ、正式に家裁調査官として働く、ということになります。

実務修習中は、調査官補三人一組のチームに二人以上の指導担当者がつき、家事、少年ともに実際の事件を担当します。報告書も官補自身が書き、面接も官補が行います(最初のうちは面接に指導担当者が同席します）（26「コウモリ（前編）」参照）。

養成部での研修内容は、出身学部や経歴に関係なく、全員が同じ研修を受けます。合同研修は家裁調査官として働くことに直結した内容で、カリキュラムは法学の基礎のほか、心理学、教育学等をはじめとする人間関係諸科学の講義から、事件類型別の調査手法、面接技法、ケース検討、心理テスト、報告書の作成演習と多岐にわたります。

合同研修中、自宅から通えない研修生は研修所に併設された寮に入れます。寮の居室はプライバシーが確保されたワンルームタイプです。

Q 裁判所って、ホワイト企業ですか？　働きやすい職場ですか？

A これは自信をもって「はい」と言えます。年次休暇の消化率も高く、女性の育休取得率はほぼ一〇〇％、男性の育休も国家公務員の中では取得率が高いほうだと思います。フレックス勤務、育児短時間勤務制度等を利用した柔軟な働き方も可能です。妊娠出産以外にも各種休暇等の制度も整っており、これらの制度を利用するにあたって圧力やハラスメントを感じることはありません。残業時間も事件の係属数に左右されることはありますが、基本的にそれほど多くはありません。

特に調査官の仕事の特色として、出産育児、介護で一時現場を離れることがあっても、その経験はマイナスにならず、復帰後、調査官としての武器になるということが挙げられます。

裁判所全体の事務官を含めた全採用者の六割以上が女性です。調査官補の新採用者に限れば、女性が七割程度を占めています。

Q 全国異動って大変ではないですか？

A

調査官の数が限られており、全国で均等な司法サービスを提供するために、異動は避けて通れません。調査官の採用は全国各地の大規模庁で行われ、採用三年目以降、定期的な異動が予定されています。

私自身も、採用以来ほぼ三年周期で異動を経験してきました。毎年、異動希望やその理由を聴取する面談がありますが、全員が希望どおりの場所に配属されるというわけにはいかないのも事実です。ただし、調査官が配置されるような裁判所は、規模の違いはあれ、その地方では中心的な街にあり、日常生活に不便があるということはないでしょう。また、転居を伴う場合には異動の一〜二ヵ月前には打診や内示があり、異動時期も周期が決まっているので、予想をつけられます。

私個人の印象ですが、多くの調査官が、自分自身の生活やライフサイクルと折り合いをつけながら、異動を前向きに受け止めています。調査官が集まり、全国あちこちでの生活体験の話になると、「船の出張でイルカを見た」「地元の祭りで踊りまくった」など、その土地ならではの思い出話が尽きません。私自身も、桃源郷のような満開の梅林や、山合いの谷いっぱいに光る蛍の群れなど、その土地に住まなければきっと見られなかった光景が、今でも記憶に鮮やかに残っています。異動や転居自体は確かに大変ですが、異動のおかげで人よりもいろいろなものを見て、いろいろな人と知り合い、豊かな人生を送ってきたと思っています。

ちなみに、海外での在外研究は応募制です。

Q 調査官って、同時に何件くらい事件を抱えているんですか？調査官の仕事のスケジュールを教えてください

A これは時期および場所によって本当にまちまちですが、平均すると家事、少年とも一〇〜二〇ケースくらい。少年の身柄事件は常時一〜二件程度といったところでしょうか。

複数の事件が同時並行的に進んでいて、調査や調停、審判の予定が入り、その間に報告書の作成やケース検討などをしているという感じです。審判や調停の日程は裁判官や調停委員、当事者の都合を優先して決まりますが、調査については自分で日程を決められるので、全体としては仕事のスケジュールは比較的融通が利く印象です。

土日の出勤はありません（庁によって、当直や日直があります）。

Q どんな難しい事件でも一人で担当するんですか？

A 基本的には、一つの事件に一人の担当者が決まります。ただ、調査官は通常、主任一人、調査官二〜三人の「組」と呼ばれるチームで仕事をします。この本でも、複数の調査官で家庭訪問をしたり、事件を分担したりしている場面が多くあります。これを「共同調査」といい、組のメンバーで役割を分担して事件を担当し、報告書も全員で作成します。週一回程度の「組・定例ケース会議」で各自の手持ち事件の進行状況を共有し、進行方針なども組で検討しています。

Q 家裁調査官の仕事って、ストレスがたまりませんか？

A はい、ストレスがないと言えば嘘になります。どの事件も、人の人生に深く関わる局面なので当たり前のことですが、たとえば家事事件で、相手当事者に対する怒りや恨みを調査官にぶつけてくるような当事者とガッツリ二、三時間話をした日などは、確かに疲れます。のらりくらりと反省の色がない少年や保護者との面接も同様です。

そんな面接のあと、疲れた顔で部屋に戻ると、だいたい「長かったね」と声がかかり、「こんなことを言われちゃって……」とそのままケースの話が始まることもしばしばです。調査官同士で「どうしてこの人はこういう言動を取るんだろう」「背景にはこういう気持ちがあるのでは」と議論をしているうちに、そこで起きている自分の感情も理解の一助としながら、相手の気持ちが見えてきて、ずっとストレスをためこんだままということはありません。

Q 調査官のやりがいって何ですか？

A よくぞ聞いてくれました。そのことをお伝えしたくてこの本を書いた、と言ってもいいくらいです。どの問題も複雑で根深く、調査官がちょっと話したくらいでそんなに簡単に解決はしません。数年単位で紛争が長期化しているケースもありますが、基本的には調査官の担当はその時限りで、少年や当事者のその後の人生に長く関わることもできません。

ただ、確実に言えるのは、調査官が関わるのは相手の人生の中で本当に重要な岐路だということです。少年の変化や成長を見守り、対立紛争のある当事者やその子どもたちに、解決を目指して向き合い、相手と一緒に考えられるというのは、本当に責任も重いけれども、やりがいのある大事な仕事だと思います。こんな重要な役割を果たすために必要な研修や「チーム裁判所」のサポート体制など、組織として家裁調査官を支える体制というのは十分に整っていると思います。

世の中に、やりがいのある仕事というのは数知れずあると思いますが、家裁調査官は間違いなくその一つです。

第4部

森の深奥

夫婦・親子に関する事件〈2〉

「ママはおじぎをすると、もときた道を歩きだしました。少し歩いてふりかえると、もうカンテラをもっていたフクロウも、おばあさんも、おばあさんの家もかき消すようにみえなくなって、ただ大きな木が黒々と、まわりに立っていました」

――『モモちゃんとアカネちゃん』

松谷みよ子著、講談社文庫、二〇一一年

ここでは、再び夫婦・親子に関する事件を集めました。第1部には比較的解決のイメージが見えるエピソードを集めましたが、家裁の紛争には、DV、モラハラ、毒親、子どもへの深刻な影響といったように、家族の病理が色濃く表れていたり、長年紛争が継続しているものもあります。

解決の道筋が見通せない事件での、当事者や子どもの生活やこころの負担はいかばかりかと思います。

20 クモの巣――子の監護者の指定、引渡し

二月の敗者

都市部の中学受験は、「親子の二人三脚」と言われる。良くも悪くも、親子関係が投影され、家庭裁判所の事件にもその影響は現れてくる。

その女の子は中学一年生。偏差値表で言えば「中の上」の私立中学に在籍している。中一の夏、両親が別居し、彼女は父親とともに家を出た。二週間後、母が家裁に申し立てたのが「子の監護者の指定」「子の引渡し」、そして緊急の処理を求める「保全処分」である。

「思春期の女の子が父親につく、というのはちょっと珍しいよね」と裁判官も言う。年齢的には子の意思が決め手だろうけれど、これまでの親子関係がどうだったのか、双方から少し丁寧に聞いてみてくれませんか、というのが裁判官からのオーダーだった。

母は面接で、いかに自分が細心の注意と将来への見通しをもって子を育ててきたか、反面、

父は甘やかす一方で母の努力を無駄にしてきたかと滔々《とうとう》と述べ、これが決め手、というように「どれだけ私が娘のことを考えてきたか、これを見てもらえばわかります」と言って、十数枚の紙を取り出した。中学受験に際し、母が各校の校風や進学実績など、各要素をグラフ化して表にし、娘と一緒に志望校を考えたものだという。中央に大きなレーダーチャートが据えられた表は進学実績、留学人数、通学時間などさまざまな指標を軸にしてあって進学塾も顔負けの出来で、これを素人である母が作ったのかと驚いたが、チャートに添えられたコメントの中身をよく見比べてみると、母の母校である有名進学校はベタぼめ、一方、それよりも偏差値で四〜五ポイント下がる子の在籍校は同様にほめているようでさりげなくこき下ろしてある。いざ受験本番で、父が母をごまかして子に現在の在籍校を受けさせ、子もその後はチャレンジ校である母の母校を受験しなかったことが、「夫と娘がグルになって私をだました」と根強いこだわりになって残っているようだ。

「なんでここまでお母さんが一所懸命してこられたのに、娘さんはお父さんと一緒に家を出たんでしょう？」という問いに、母は傲然と胸を張り「調査官なら、片親疎外、『ＰＡ（Parental Alienation)』ってご存じでしょう？　夫がそう仕向けてるんです。私は母親として、当然子どもにするべきしつけをしてるだけなのに、夫は横から、まあいやらしい猫なで声で、『そこまで真面目にやることないよなあ〜』なんて。子どもってものは、甘いほう、楽なほうに逃げるんです。一刻も早く夫から娘を取り戻さないと、夫みたいな負け組人生確定です。裁判所なら、仮に娘が父親のほうがいいと言おうが、賢明な判断をしてくださると信じてます」と言う。最後には、「裁判所のお力で、せめて一回だけでも娘と会わせてください。私と直接会えば、娘は必ず目を覚まして帰ってきます」と涙ぐんで頭を下げられたが、面接が終わってみると、何だか具体性のない理想の教育論ばかりを聞かされたようで、釈然としない気持ちで父を呼び出した。

毒

出頭してきた気弱そうな下がり眉の父に、子を連れて家を出た理由を問うと、父は妙にきっぱりと「母親の心理的虐待です。あのままでは娘がつぶれる」と言い切った。さまざまな母子関係のエピソードを語ったあと、父は「妻が娘を怒鳴るのはもともとずっとでしたが、中学受験が終わればマシになるかと思ってました。逆にもっとひどくなった。リビングに仕掛けた盗聴器の録音を聞いて、もう家を出るしかない、と決めたんです」と淡々と言う。執務室に戻って、父が最後に「これを聞いてください」と提出していった、CDの音声データを再生してみた。

中間テストの成績を叱責しているらしい母子の会話から始まり、いきなり、耳を覆いたくなるようなヒステリックなわめき声が流れ出す。一瞬作り物かとも疑ったが、怒鳴られている子どもは確かに子の名前であり、声もあの母のものである。

いつの間にか、話は子の学校選択を責める内容になり、「こんなにしてもらったママを裏切るなんて、人間のクズ」「あんたなんか生きてる価値もない、とっとと死ねば」という罵声が延々と続く。子どもが「だって学校に行くのはママじゃなくてあたしじゃん」と言い返した途端、「じゃあ、あんたに投資したママの金と時間、返しなさいよ！　できもしないくせに、えらそうに！」と言ったあと、大きな平手打ちの音がしてドアが閉まり、子どもの細いすすり泣きの声が続く。しん、と心が冷えるような声であった。

その後も、詳細は省くが、父母双方の主張の応酬は続いた。母からの「確かに娘に対して感情的になることもあった。しかしそれは、私が娘に対してこれまでにかけてきた多大な愛情ゆえのことである。むしろ、家庭内で盗聴などする父の卑劣な行動は監護者としてふさわしくない」との反論書面を読み、やはりあの罵声は母だったか、と妙に納得した。

答

さて、このあたりで子どもの言い分に耳を傾けよう。

子を家裁に呼び出し、面接の冒頭に、イラスト入りのカードを見せ、調査官は父母の話し合いを手伝う中立的な存在であること、父母の別居は子どものせいではないこと、子どもの心情は父母いずれとも違っていてよいこと、聞いた内容は報告書にして基本的に父母も読む予定であることなど、調査のグラウンドルールというべき内容を説明する。「たとえばさ、私が『好きな人いる？』とか『体重何キロ？』とか聞いても、言いたくなければ『秘密』と言ってもらっていいからね」と言うと、緊張顔だった子が、初めて声をあげて笑った。

母への非難から始まるかと思いきや、「本当は、ずっと母に認めてもらいたかった」ときた。いわく、母は、絶対に認めてくれない人。自分がどんなに勉強を頑張っても、母からは「向上心が足りない」「人間性が欠けている」とか訳のわからないダメ出しばかり。受験も、やりたいことを我慢して頑張ったけど、自分には母の「合格ライン」が見えなくて、どこまで頑張ったら、母が言うような人間になれるのかわからない。母は怒り出すと完全にキレちゃって、キイイーッと怒鳴ってる。声もすごいけど、私から母に言い返したことはない。何か言うと、すぐ理由とか根拠とかを説明させられて、「それは違う」とか「考えが浅い」と言われて、最後は絶対私が「生意気を言ってすみません」って謝らされる。だからとりあえず言われたとおりにしてたけど、学校だけは耐えられなかった。だって、母の勧める学校には、中学に入ったら絶対やりたいと思ってたダンス部がない。

「お母さんは、分析シートも作って受験校をあなたと一緒に考えた、と言っていたけど？」

あれ、見た？　あの紙が机の前にズラッと貼ってあって、分析とか言って、結局母が行かせたいところに誘導してるだけ。今の学校行ったら、私が母の思いどおりにはならないと思ってあきらめてくれるかなと思ったけど、甘かった。一学期の中間テストが終わったら、全科目の成績がまたあのクモの巣みたいなグラフになって、机の前に貼られてた。それ見てたら、一生クモの巣から逃げ出せないような気になって、もーダメ、もー気が狂う、と思って、父に逃げよう、と言ったの。父も、ダメ人間、クズ人間ってずっと怒られてたし……。

彼女の話は続いた。父の影響や、幼稚な甘えでもない、子自身の体験した事実から導かれる答えが、はっきりとそこにはあった。かろうじて「どっちで暮らすかはっきりしたら、元気な顔を見せてあげられる？」と聞いたのは、母の涙を思い出したからだが、子の答えは「イヤ、無理。学校、成績、部活、何でも知ろうとして、絶対何か言われる。一度でも会ったら、すぐ調子に乗って、回数増やせとか言われるよ」と、にべもなかった。ここまでくると、私としては「あなたの気持ちがお母さんに伝わるように、報告書に書くね」としか言いようがなかった。

提出された調査報告書をコピーして読んだあと、母は拍子抜けするほどあっさりとすべての申立てを取り下げ、事件は終了した。母なりに何かを感じてくれたのかと思ったが、数ヵ月後、母はほとんど同じ主張書面で、今度は「面会交流」の調停を申し立ててきたという。

クモは同じ場所に何度でも巣を張る。彼女がクモの巣から逃げ出せたのか、今でも気になっている。

21

地雷——夫婦関係調整

つぶやく

私は、人よりも劣っている人間なのかもしれない。夫はいつも私を「ハズレ妻」と言う。息子が生まれてから、家事が十分にできなくなった。食事中、息子がぐずって止まらなくなった。離乳食が熱いか、味が気に入らないか、そのどれでもないかだ。夫は「泣かせるおまえが悪い。母親なら子どもの味覚くらいわかるだろう」と言い、途端に不機嫌になって「食べる気が失せた」と言って席を立った。私は途方に暮れる。こんな時、夫の皿を片づけていいのか、夫が戻るのを待てばいいのか、わからない。前に、残っている料理を片づけてしまったら「おまえはオレを飢え死にさせるつもりか」と怒られ、その次は皿を残しておいたら「いつまで当てつけがましく汚れた皿を出してんだ」ともっと怒られた。夫は決して暴力は振るわない。時々、私の家事が至らないと、壁を叩いたり、物が飛んでくることもあるけれど、それは夫が怒る理由があってしていることだから、DVではないと夫は言う。一度だけ、投げられた時計が私の目に当たり、アザになった。これってDVじゃないのと言ったら、先にオレを怒らせる理由を作ったのはおまえのほうだ、手が滑っただけで狙ったわけじゃない、世間のバカな暴力男とオレが同レベルだと思ってるのか、だからおまえの頭は低級なんだと冷たい目で言われ、「侮辱罪に当たるって知ってるのか」と延々怒られた。夫のすることは、感情的で未熟な私を人並みに教育しているだけであって、むしろ、私がそんなことをDVだと騒ぎ立てようものなら、私の家事がいかにできないかを世間にさらすだけで、「出るところに出れば有責だと判断されるのはおまえだ」と夫は言う。

夫が何で怒り始めるのかはわからない。きっかけはいろいろでも、予測はつかない。まるで地雷が埋まっているようだ。怒り始めると、夫は無言になり、大きなため息をつく。時には家中に響く大きな音でドアを閉め、外に出ていく。何に怒っているのかわからないまま、いかに私が劣った妻かを延々責められることもある。そうやって夫に責められるうち、私もだんだん感情的になることが増えてきた。まとわりついてきた息子を平手打ちしてしまったこともある。すると、夫は畳みかけるように「だから女は感情的でダメなんだ」「おまえは母親失格だ」と言う。

夫は一流大学の法学部出で、一流会社に勤務している。私は二流大学出の派遣社員。婚活で知り合って結婚した時に親はとても喜んだ。だから、別居とか離婚とか言ったら、どれだけ親がガッカリするかと思うと、そんなことは言い出せない。息子を妊娠して仕事も辞め、私には相談する相手もいない。私が夫ともっとうまくやればいいだけだと思う。

娘が生まれてから、夫は息子だけを連れて再々実家に足を運ぶようになった。私が失敗するたびに、息子は、夫そっくりの目つきで「ママってハハオヤシッカクだよね」と言うようになったのがいたたまれない。

今日は、夕食前に口論になった。料理の手順だか、準備が遅くなったことだかを責められて、私は「いい加減にしてよ、バカ！」と叫んで、手に持っていた調理バサミを夫に向けた。夫は一瞬顔色を変えたが、その後は夜通し冷静な口調で私を責めた。夫の言うとおりに謝罪文を書いて、眠らせてもらえたのは午前四時だった。夫が甲、私が乙になっている変な文章だ。「乙は甲を侮辱し、刃物を向けました」「これが殺人未遂罪に当たることは十分理解しており、次に乙が甲を怒らせたら、即日離婚されても異論はありません」「長男及び長女の親権は甲に渡します」と。夫は、これは正式な法的効力がある文章だと言って、謝罪文を手提げ金庫にしまった。「おまえみたいなバカな女を裁判所が親権者に選ぶわけがない」と夫は言う。あれがある限り、子どもは夫に取り上げられてしまうだろう。

私は、人よりも劣っている人間だ。私は、生きている価値がない人間だ。夫はそう言う。でも――。

支配と被害

家庭裁判所に持ち込まれる紛争の中には、「モラルハラスメント」と言われるタイプの暴力が見られることがある。

加害者は巧みに夫婦間に優劣の差を持ち込み、徹底的に人格を否定して相手を支配する。いつ怒りが爆発するかわからないという緊張を繰り返させることで、舌打ち一つで相手を意のままにコントロールするようになる。

長期間にわたって感情的に追い詰められた被害者が、精神的不調に陥ったり、衝動的な暴力や借金に及んでいたりすることもあり、裁判所にやってくる時には、むしろ被害者側の行動が夫婦不和の原因としてクローズアップされていることもある。そんな時、加害者は裁判所には、「感情的で幼稚なパートナーに振り回される温和な私」として現れる。子どもも加害者に同調していることすらある。また、夫によるものだけでなく、妻が加害者になっている場合もある。

「見えない暴力（DV）」と言われるように、証拠も残りにくく関係性を見抜くことはなかなか困難だが、一番危ないのは「このケースはモラルハラスメントだ」とレッテルを貼って簡単にわかったつもりになることで、夫婦の関係はそれほど単純ではない。しかし、共通しているのは、加害者の攻撃は、被害者が加害者から離れようとする時に最も激しくなることである。もう少し、妻の話を続けよう。

逃げる

娘だけを連れて家を出て、半年が過ぎた。パートの仕事も見つかり、娘の保育園も見つかった。あれから家裁に離婚調停を申し立てたけれど、初回の調停では、夫は私が娘を返して慰謝料を払うなら離婚に応じると言ったそうだ。調停に立ち会っていた調査官からは、婚姻生活に関する双方の言い分がずいぶん食い違うので、まず陳述書という形で言い分を書いてほしいと言われた。提出した陳述書には、一所懸命、結婚してからの出来事や、夫から投げつけられた言葉を書いた。そうしたら、夫は私が出した陳述書をそのままコピーし、倍くらいの注釈をビッシリ書き込んだものを自分の反論書面として出してきた。裁判所から送られてきたその写しを手にして、夫の細かい字を見たらゾッとして吐きそうになった。

夫は変わっていない。すべての出来事が、ケンカの理由を作ったのは私で、理由もなく感情的になったのも私で、夫に刃物を向け、誘拐同然に子を連れて出て、円満で平和であるべき家庭を破壊したのは私だということになっている。夫から私に向けられた数々の言葉は、「すべて妻の被害妄想で、統合失調症ではないかと心配しています。私は会社でも責任ある立場にある常識人で、こんな低俗な暴言など吐くはずがありません」と一蹴されている。夫は終始冷静に私をなだめようとしたのに残念だと書いてある。夫の陳述書は、「妻は幼稚で未熟な人間ですが、すべての過ちを認めて私に土下座して謝罪し、娘を返すのなら、可愛い子どもたちの母親ですから、私はすべてを水に流す所存です」と結んであった。私が書かされた、あの謝罪文もついていた。

今日、二度目の調停に行った。調停委員が、じっと陳述書を読んでいた。男性委員から「あなたの謝罪文というのも見たけれど」と言われ、ビクッとした。娘を返せと言われると思って身構えたら、「夫婦の間で謝罪文を書く関係というのは、どんな感じなのか、教えてもらえませんか」との言葉にハッとした。謝罪文を書かされた夜のことが思い出されて、突然涙が出てきた。あんなもの書きたくはなかった。私が悪かったわけじゃない。女性委員の「ここは、どちらが良い悪いを決める場所ではないの。あなたがどうしたいか、彼がどうしたいかを考える場所なのよ」という穏やかな声を聞きながら、涙が止まらなかった。

長い話し合いになる。泣いたら負けだ。感情的になったら負けだ。私がどうしたいかと言われたら、あの夫とはやっていけないという気持ちだけは変わらない。

22

「はいけい、さいばん官さま」

――子の監護者の指定、引渡し

おにみたいなパパ

机の上の手紙を見ると、またため息が出た。今から面接をする母親が提出してきたものだ。便箋のアニメキャラの絵柄は可愛らしく、鉛筆書きの筆跡もあどけないが、内容は穏やかではない。

「はいけい、さいばん官さま／ぼくのパパはおにみたいな人です／ママにお金もあげなくて、ばりぞうごんをいって、ママをくるしめます／こわいかおでぼくをにらみました／しゅくだいがわからないとあたまをギューとしました／かおをみるのもこわいです」

書いたのは小学一年生の男の子。どんな子だろう。

平成二五（二〇一三）年に施行された家事事件手続法では「子の意思の把握（六五条）」とい

う条文が新設された。「家庭裁判所は、親子、親権（中略）未成年者である子がその結果により影響を受ける家事審判の手続においては、子の陳述の聴取、家庭裁判所調査官による調査その他の適切な方法により、子の意思を把握するように努め、審判をするに当たり、子の年齢及び発達の程度に応じて、その意思を考慮しなければならない」というものだ。この規定を知ってか知らずか、この母は、家庭裁判所の審理に、子どもが書いた手紙を出してきた。しかし、面接で母の話をどれほど掘り下げても、子がここまで父を嫌う理由になりそうなエピソードは出てこず、話はいつの間にか母の父に対する嫌悪感に帰着していく。なのに母は言う。

「これを読めば、いかに父親が子を苦しめたかわかるでしょう。私は息子の本当の気持ちを知ってもらいたいだけなんです」

「なるほど。これはどんな状況で書かれたか教えてもらえますか」

「えっ？　状況？　息子が自発的に書いたんです。ええ、自分から。賢い子ですからね、調停のことも聞きたがるんで、あちらが出してくる書面の中身も説明します。『パパお金の話ばっかりだね』って言います。父親が監護権を求めてることを話したら『ぼく、パパと暮らすの』って聞くから、そうならないように裁判官に手紙を書く？　と聞いただけです」

「すぐ書けましたか」

「いいえ、すぐには。だから、前のおうちであんなことがあったわよね、って話をしましたよ」

「そう。あなたはこれを読んで、お子さんに何かおっしゃった？」

「とってもよく書けたわよって。あなたがパパと暮らしたくない気持ちを、これでみんなわかってくれるわよって言いました。私が無理に書かせたんじゃないっておわかりでしょ？」

子を自宅に残し、母が単身で家を出たのは三ヵ月前のことだ。離婚に応じない父に業を煮やしたと母は言うが、子を置いて出た理由の本当のところはわからない。しばらくして母は父に面会交流を求め、週末ごとに子を自宅に泊めていたが、ある週突然「これからは私が子を育てる。子も帰りたくないと言っている」とだけ父にメールを送り、そのまま父宅に子を返さなくなった。父は家裁に子の監護者の指定、子の引渡し、保全処分事件を申し立てた。ほぼ同時に母が申し立てたのは夫婦関係調整と婚姻費用事件で、父がすんなり婚姻費用の支払いに応じるわけもなく「金の話ばかり」なのはそのためだ。

条件は互角だ。どちらも失格ではないが、満点とも言いがたい。両親の子に対する愛情に優劣があるとは思わないが、母は少しばかり感情的でルーズ、父は少しばかり神経質で口うるさい。双方仕事があり、祖父母の援助を得てはじめて成り立つ子育てだ。同居中の監護実績も、母が夜勤のある仕事だったせいもあり、どちらが中心と言い切れるほどの差もなかった。

子の監護を始めた経緯から自分の旗色が悪いとでも思ったのか、決め手とばかりに母が提出してきたのが冒頭の手紙だった。

父は面接で、疲れた表情で「もう妻に何を言われてもこたえないが、これは正直しんどい。

こういうのが私にとって一番ダメージが大きいとわかって出してくることが許せない」と言った。

いじわるなパパ？

数日後、子に会いに行った。サッカーのユニフォームを着た丸坊主の男の子が、くりくりした目でじっとこちらを見上げている。

母も交えてひとしきり日常生活の話を聞く。最初は警戒していた子も、私がやり方を教わりながらお気に入りのカードゲームに興じると緊張がほぐれてきた様子だった。母には「子に気配を感じさせないように」と依頼し、席を外してもらって話を始める。しかし、子の視線はたびたび母の出ていったドアに向く。

「あのさ、お手紙書いてくれたね？　ポケモンの便箋で」

「パパ怒ってる？　会いたくない」

「怒ってないよ。心配してたの？」

「パパに何も言わずにこっちに来たから。ママ、パパはすごく怒ってるって。パパに会ったら連れ戻されて、ママに会えなくなっちゃうかもって」

「あのお手紙、どうやって書いたか教えてくれるかな」

「ママがね、ママを助けるために書いてって」

「そっか。『ばりぞうごん』ってどんな意味なの？」

「いじわるのことだってママが教えてくれた。パパだめだよね」

子からも、そこまで父を嫌うだけの話は出てこない。そして子は、話しながらも隣室の母が立てる物音にピクリと反応している。

パパの背中

子の面接の後、裁判所内で親子が実際に会う場面を観察する親子交流場面観察調査を実施することにした。「会わせないとは言ってない。離婚が成立して私が親権者に決まったら会わせると言ってるのに」と母は当初拒否したが、子の心情を正しく把握するためには必要な調査だと伝えると、渋々了承した。

調査に際しては、父母に二つだけ約束を求めた。子の前では穏やかに振る舞うこと、子にどちらと暮らしたいとか、父に会いたいかなどと聞かないこと。

児童室で、まず母子で遊んでもらう。父が入室すると、子は母の腕にぎゅっとしがみついたが、母が穏やかな声で「パパに元気な顔を見てもらおう」と背中を押すと、子はおずおずと父に笑顔を見せた。父も、母に「寒かっただろう。今日はありがとう」と声をかけ、淡々と遊びに加わった。最初、チラチラと母を見ながら父と遊んでいた子は、母が退室して五分もすると父におんぶをせがみ、一度背中にしがみついた後は、べったりと抱きついて離れなくなった。室内の様子を見ることができるモニター室で様子を見ていた母は青ざめていたという。

「子の意思の把握」という言葉から、単刀直入に父母どちらと暮らしたいかと子に聞くかのように思う当事者もいるが、それは違う。多くの場合「子の意思」は二者択一ではない。普通の親子なら、どちらの親とも楽しい思い出があり、叱られて苦い思い出がある。父母の不和によりぎくしゃくした雰囲気になったり、余裕を失う親もいるが、それでも多くの親は、夫婦の不和があっても懸命に子に愛情を注ぐ。だから、子どもの親に対する感情というのは、色とりどりのマーブルチョコのように、好悪さまざまな感情が混ざっているのが自然な姿だ。ただし、父母の紛争に巻き込まれる時、子が示す言葉は極端なものになりやすい。一方の親との別離を経験した子は、親との関係が不変ではないと感じ取り、残るもう一方の親にしがみつく。また、同居親が意図する、しないにかかわらず、別居親に対する自分のマイナスイメージを伝えてしまっていることも多い。この手紙のように、合理的な理由もないのに子が別居親に極端な拒否を示す場合、調査官はそれが書かれた状況はもとより、背景にある親子関係全体の動きを含めて考える。それが調査官の行う「子の意思の把握」だ。

さまざまな要素で甲乙つけがたかったこの事案で決定打となったのは、皮肉にも例の手紙だった。ただし、母の望む方向ではなく。

裁判官は「父と暮らしても母を嫌いにはならないが、母と暮らせば父を嫌いになる。条件が互角なら、どちらが子どもにとって幸せかわかるでしょう」ときっぱりと言い、父の申立てを認めた。

23

ルビンの壺――面会交流（前編）

争いのない事実

ケンカの多い夫婦であった、ということに争いはない。その理由の多くは母の家事の不手際を父が責めることに端を発していて、父が母に向かって物（リモコン、ティッシュの箱）を投げたことがある。父母の間には小学五年の姉と、小学二年の弟がいるが、父母が子らの前で語気荒く口論になったこともたびたびあった。発達の問題があって多動気味である弟に、母はやや手を焼いており、「産むんじゃなかった」と口にしたことがある。

父が、弟のサッカーチームのコーチと母の不貞を疑ったことから口論となり、その流れで母が「もう離婚よ」と言い、父は「好きにしろ。出ていくなら子どもを置いて出ていけ」と言い返し、その三日後、母は子らを連れて家を出て、実家に戻った。

まもなく、父は面会交流の調停を申し立て、母は夫婦関係調整と婚姻費用請求の調停を申し立てた。

双方が代理人弁護士を委任している。弁護士を介した書面のやりとりでは、父が子らとの早急な面会を求めたのに対し、母は当初「現在子らは父との面会を希望していない。父が離婚に応じたら月一回の面会をさせる」と返答している。

父が子らの小学校に行って教諭との面会を求めた際、下校中の弟を呼び止め、さらに姉の名前を呼びながら校内を歩き回ったため、警察が呼ばれる騒ぎになった。

弁護士の仲介で、ホテルのロビーで父と子らの面会の機会がもたれたが、父は事前の約束になかった父方祖母を同行したほか、子どもとの会話の様子をスマホで録画しようとしたため、母がその場で抗議し、面会に立ち会った母側弁護士の判断で予定時間より早く終了した。

父から母に婚姻費用は支払われていない。

〈調査官のインテーク〔注〕結果：親権及び面会交流を巡る対立が大きく、初回から調査官の立会が相当である〉

調停の初回期日では、双方の主張は平行線であった。

父 side

母が悪い。

紛争の理由は母の不貞とルーズさと暴言であって、離婚したいのは母で、それなら母が一人で出ていくべきで、子どもを巻き込むべきではない。一方的な連れ去りで、子どもの生活を変えるのは母の身勝手だ。ある日突然子どもたちが消え、どれだけ自分がショックを受けたか、母はわかっているのか。

まず子どもに会わせろ。子どもの無事を確認させろ。

離婚？　親権？　ふざけるな。婚姻費用など支払う理由はない。誘拐犯に人質の生活費を支払うバカがどこにいる。まず子どもを父宅に戻し、原状回復をして、話し合いはそれからだ。

自分が小学校に行ったのは、母がまるで自分が親権者になるのが当然のように離婚を請求してくるばかりで子どもの様子を知らせてこないからで、自分は今でも親権者なのだから、当然学校からも報告を受ける権利がある。弟は自分を見てビックリしていたが、声をかけると喜んで駆け寄ってきた。とにかく一度子らを家に連れ帰ってちゃんと話を聞こうと思って姉の名前を呼んで探していたら、いきなり警察を呼ばれた。オレは犯罪者扱いか。

ホテルに父方祖母を連れて行ったのも、当然の権利だ。母方の祖父母が毎日子どもと一緒に暮らせているのに、こちらの親は子どもの声も聞けないなどおかしい。子どもの様子を録画するなとは言われてない。動かない証拠を残すためだ。母が言う子どもの気持ちなど、信用できるか。子どもが面会を希望していないなど、母が洗脳しているに決まっている。自分が子どもに聞けば、父に会いたいし、もとの家で暮らしたいという「本当の気持ち」を言うはずだ。いきなり途中で面会を切り上げられた子どもたちは、泣きそうな顔をしていた。

だいたい、子どもに「産むんじゃなかった」などと言い、こちらが求めるまで面会もさせず父との関係を断つ母に、親権者になる資格はない。今でさえ十分な面会ができていないのに、母を親権者にして離婚などしたら最後、親権を盾にして、一生子どもに会わせなくなるに決まっている。

自分と子どもたちは被害者だ。

こうなったのはすべて、母が悪い。

母 side

父が怖い。

確かに、私の家事は万全ではなかったかもしれないが、すぐに声を荒げる父が怖い。父は私に不貞があったと決めつけるが、コーチには弟の発達の問題を相談していただけで、それは普段から父が子どもに関心が薄く、相談相手にもなってくれないからだ。

子どもは父の所有物じゃない。気が向いた時に遊んでやるだけで、靴のサイズもわからない父親のもとに子どもたちを残していくわけがない。先に「出ていけ」と言ったのは自分のくせに、なんで子どもを連れて出るのに父の許可がいるのかわからない。私がどれだけ子育てに悩んできたか、父はわかってない。

家を出る前に、子どもたちにはちゃんと「本当の気持ち」を聞いた。「ママはもうパパと一緒に暮らすのに耐えられない、一緒に来てくれる？」と聞いたら、姉も弟もうなずいた。なのに父からは「連れ去りだ、実子誘拐だ」と長文のメールが届いた。姉はしっかりした子で、もう親の不和をよくわかっているから、父からのメールを見せた。

いまだに婚姻費用も支払わないくせにしつこく面会を求めてくることを説明して、「パパに会いたい？」と聞いたら、子どもたちは二人とも「別にいいよ」と言った。子どもは父との面会など望んでいない。

この状態で面会などしたら、子どもを連れ戻されるかもしれない。せめて婚姻費用を支払い、離婚がきちんと決まるのが面会に応じる条件だと弁護士から伝えたら、父がいきなり学校に押しかけて弟に声をかけ、大声で姉を探し回ったと知らされた。そのまま子どもを連れ帰るつもりだと思って、背筋が凍った。父は何をするかわからない。次は家に乗り込んでくるかもしれない。怖い。

それでも私の弁護士からは、いずれは面会交流をすることになるのだから一度試しに会わせたらどうかと説得されて、渋々ホテルで面会交流をすることにしたら、当日いきなり父方祖母を連れてきたのも信じられなかった。父方祖母は子どもたちにしがみついて、やせたんじゃないか、かわいそうにとおおげさに繰り返し、私のほうをチラチラと見た。父は「本当はもとの家がいいんだろう？　会いたくないなんて、ママに言わされてるんだろう？」と言いながら、スマホを子どもたちに向けていた。

もう耐えられなくなって、切り上げてほしいと弁護士に頼み、弁護士が「今日はこれくらいで」と中止を告げると、父は大声で私に向かって「逃げるのか、誘拐犯！」と叫び、ロビーにいた客がみんな私たちのほうを見ていた。

弟は翌日熱を出した。私も眠れず、あれからひどい頭痛が続いている。

怖い。怖い。

調停の経過

調停の第二回期日では、親権と面会交流について主張が対立していることから、双方に「子に関する陳述書」の提出を指示した。

提出された陳述書では、随所に相手の養育姿勢に対する批判的な記載が目立ったが、同居中に、それぞれ子らとの親子関係に目立った問題はなかったことが確認された。

また、同居中、主となって子らの日常の面倒を見ていたのは母であり、父の養育計画は、これまでほとんど子らと生活実績のない父方祖母に養育の大部分を委ねることを前提とするもので現実味が乏しく、母の養育状況よりも優れているとも言いがたい。

面会交流の条件について、父は「早急に毎週土曜日朝から日曜日夜までの面会交流を開始すること」を求め、母は「離婚成立後、面会交流支援団体による立会の上で、月一回一時間の面会交流から始める」と主張するなど、隔たりは大きい。

子の意思についての父母の認識も「父に会いたがっているが、母に言い出せないで苦しんでいるはず」「父に会いたいとは一言も言わない」と対立している。

評議の結果、当面の監護者を母とする方向で、面会交流の調整を進めることとなった。

調停委員会は、父に問う。

「あなたの申立ては面会交流ですが、あなたの言っていることは、子どもを返せと聞こえますね。子どもを返せと言いながら面会交流を求めるのは、右手で殴り合いをしながら左手で握手をしようとするようなものだと思います。あなたが今、本当に優先して実現したいのはどちらでしょう?」

調停委員会は、母にも問う。

「あなた自身が本当に怖いと思っておられるのはわかります。ただ、子どもさんが面会を希望していないというお話は、あなた自身の気持ちも影響しているという可能性はないでしょうか。この先、面会交流もできないままだと、子どもが自分の父親は何をするかわからない人だ、怖い怖いと思いながら育っていくことになって、こころの中におばけが住んでいるようなものではないでしょうか。きちんとルールを作ったうえで会えるのであれば、子どもさんにとっては今より安心できる状況になるのではないかと思いますが、どうでしょう?」

調整を重ねた結果、父は当面の監護を争うよりも面会を優先させたいとの意思を示すようになり、母も裁判所内であれば一度面会交流に応じるとの姿勢を示した。

一方、子らの意思についての認識は対立が大きく、調停委員は裁判官と評議の結果、調査官による裁判所内での試行的面会交流と、子らの心情調査を実施し、その結果を踏まえて調停を進行することになった。

〈調査命令：試行的面会交流の実施、子の心情調査〉

調査官のひとりごと

調停で対立する双方から話を聞いていると、自分こそが被害者で、相手から悪意のある攻撃を受けていると感じている当事者に時折会う。そこで起きた事実は一つしかないはずなのに、それぞれの立場から語られる出来事はまったく別もののようで、さながら壺の絵から向かい合う二人の横顔が反転して浮かび上がる「ルビンの壺」のように様相を変える。

当事者それぞれの主観的事実と、そこから生まれる感情に決して偽りはなく、だからこそ対立は根深い。

ただ、夫婦が別れるだけなら、壺は壺、顔は顔のままでもいいかもしれないが、問題は夫婦の間に子どもがいて、その先に面会交流が控えていることだ。

これから相手とどんな人間関係を築いていきたいか？　面会交流とは、それを問われる場面であり、選ぶのは当事者自身である。

そして面会交流の主役である子どもの気持ちも、イエス・ノーで割り切れるような単純なものではない。この子どもたちは何を見て、どう感じているだろうか。

〔注〕インテーク：手続選別。調査官が申立記録を点検し、調査官関与の要否やその内容について意見を具申することをいう。なお、これに先立って行われる書記官によるインテークでは、管轄や法的要件の適否、申立書類や必要な裏づけ資料のチェック、警備の要否等が検討される。

24

わたしのきもち——面会交流（後編）

その日に向けて

試行的面会交流は、拍子抜けするほどあっさりと、穏やかに始まった。
父母に対しては、事前に個別面接をして、試行的面会交流での段取りやルールを説明した。父母が同席する場合には、互いに穏やかな態度で振る舞う。子に対して、どちらと暮らしたい、面会交流をしたいかどうかなどの質問をしない。子の前で、他方当事者に関する否定的な言動をしない、など……。

父は最初、「自分が子どもの気持ちを聞く」「母の不貞が別居の原因なのだと説明させろ」と気色ばんでいたが、試行の目的は子どもを安心させることであって、父母の紛争に巻き込むことではない、子どもの気持ちはあとから調査官が聞くから、と説明すると渋々納得した。母は父との同席を拒むかと思っていたが、意外にも「子どもがどんな反応をするのか、ちゃんと見たいから」と同席を希望した。

父母の様子がはっきりと変わったのは、それぞれに児童室を見せた時で、父母とも興味深そうにおもちゃを手に取り、ここで遊ぶ子どもたちの姿を思い浮かべているようだった。父は「私が挨拶くらいしないと、変ですよね」とつぶやき、母は「これだけおもちゃがあると、弟は興奮して帰りたがらないかも」と言い、少しおもちゃを減らしておくことにした。

当日は、同僚の調査官と二人で担当することにした。同僚は普段は無口でぶっきらぼうだが、子どもにはめっぽう好かれる。

当日の朝、母側の弁護士から「姉が行きたくないと言っているようだ」と電話が入ったが、母の判断に任せる、と伝えると、結局母は子ども二人を連れて家裁に現れた。母はしっかりと姉の手を握っているが、むしろ母が姉にもたれかかっているようにも見える。姉の背負ったリュックからは、白いあざらしのぬいぐるみが顔をのぞかせている。

児童室に母と子らを通すと、弟は目を輝かせておもちゃ棚に突進した。母は所在なげに床に座って姉がそのそばに座り、弟が始めたサッカーゲームに付き合う。

父が母子のいる児童室に入室し、母に「今日はありがとう」と声をかけ、母は「ええ」とだけ答えて横を向いた。父が子らに穏やかな声で「元気だったか」と声をかけると、姉は母をチラッと見て、父に「ハイ、元気デス」と固い口調で答える。弟は興奮気味に次々におもちゃを引っ張り出し、父と遊び始める。父も母も、調停の時とは打って変わり、穏やかな表情をしている。母がそっと立ち上がり、姉は母を見上げるが、母がうなずくと部屋に残った。

弟は汗をかきながら、一抱えもあるソフトブロックを高く高く積む。父が弟を抱き上げてブロックを背よりも高く積んでやると、ブロックの塔が倒れ、弟はキャーと笑い声をあげる。

姉はブロックの塔の陰に隠れてぬいぐるみを抱き、まだ父とは目を合わせない。父が姉に「今日はありがとうな」と声をかけると、姉の表情がふっと和らぎ、ブロックを一つ積んだ。父が「学校で、大きい声を出して悪かったな」と言うと、姉は黙って立ち上がり、もう一つ、ブロックを積んだ。やがて、姉が父にブロックをぶつけるように投げ、父がそれを軽く投げ返し始めると、弟が二人の間に入り、おどけた仕草で途中でブロックを取ろうとして手を伸ばす。三人で三角形になり、ブロックの投げ合いが続いた。

父母双方の弁護士は、直接顔を合わせるのは初めてだとかで、狭いモニター室で名刺を交換して、うなずき合いながら、興味深そうにマジックミラー越しに父子の様子を眺めていた。

子の心情調査

父が名残り惜しげに児童室から退室したあと、調査の導入をする。「疲れてない？」と聞くと、姉は「大丈夫」とかぶりを振り、弟は「オレも大丈夫！」と飛び跳ねてみせる。

イラスト入りの説明カードを取り出し、子どもたちに説明する。概要はこんな感じだ。

……父母は今、家族のこれからのことについて、この家庭裁判所で話し合いをしており、私たちはその手伝いをしている。父母はそれぞれあなたたちのことが大好きで大事に思っており、今家族が別々に住んでいるのは、あなたたちのせいではない。これからの時間は、父母に対する気持ちや、今後のことを聞きたいと思っている。その気持ちは家族それぞれに別々でよく、父や母がこう思っているからこう言わなければいけないとか、きょうだいが一緒の答えをする必要はない。父母にはあなたたちの気持ちを大事にして話し合いをしてもらいたいと思っているので、聞いた話は、レポートにまとめて、父や母にも見てもらう。ただし、これからのことをあなたたちの言葉で決めるわけではないし、聞いたとおりにならないこともある。本当の気持ちを話してほしいけれど、父母に内緒にしたいこと、答えたくない、わからないことはそう言っていい。私は大人であなたは子どもだけど、大人も間違うことがあるから、もし私が「こうだったんだって?」と聞くことが間違っている時は遠慮せず「それ間違ってる」と言ってくれていい。決して私はそれで怒ったりしない。

子どもたちは身を乗り出すようにカードに見入っている。

今日来る前にどんな説明を受けてきたかな? 今日の話について、誰かと相談したかな? 質問はないかな? と確かめてから、同僚と弟を児童室に残し、姉と私は隣の面接室に移動した。

「さあ、どこから聞こうか。どこから話すのが話しやすいかな?」

姉は小さなため息をついて、ぬいぐるみを両手でプラプラと揺らしながら、話し始める。

もともと親が仲悪いのはわかってた。いつの間にか、家族で出かけることがなくなって、ママは塾の送り迎えの時に「パパ怖いよねえ」と言うし、もう長いこと、パパのぶんだけご飯を作らない。パパは帰ってきて、こっそり自分のご飯を作っている時に「ママが意地悪をするから」と言う。気がつかないふりをしていたけど、そのうち私たちの前でもケンカをするようになって、私たちのご飯もスーパーで買ってきたものとか、ハンバーガーとかになってきた。だから、ママの実家に引っ越すと聞いても驚かなかった。家の中で誰もケンカをしなくなったのはホッとしたし、ママはまた笑うようになった。でも、ママのほうのおじいちゃんやおばあちゃんがパパのことを「あいつ」と言うのは、なんかいやだった。私のパパなのに。ママが、弟のコーチのことを「背が高くてカッコいいよねー」と言ってるのもいや。絶対ママの片思いなのに、親の恋バナとか、ありえない。

パパが学校に来たのは、恥ずかしかった。大きな声で私の名前を呼んで、「出てこい！　家に帰るぞ！」と言っていた。目が吊り上がって、あんなパパの顔は初めて見た。ママについてきたことを、やっぱり怒ってるんだと思った。でも一番いやだったのは、あれでいっぺんに、親が仲悪いってバレたこと。学校では、知られたくなかった。私は勉強もできるし、結構可愛いし、今までイケてるほうできたのに、なんかさあ……人と違うっていうか。（弱みを見られたくない、みたいな感じかな？）そう！

ホテルの時も恥ずかしかった。パパのほうのおばあちゃんが私たちにしがみついて泣き声をあげていたけど、涙は出てなかった。そこにいた人がみんな、こっちを見てた。なんか面白がってるというか、まあ〜っていう感じで。もう恥ずかしくて死にそうだった。スマホの録画もやめて、と思った。何なの？　ユーチューブ？　って感じ。

ママに聞かれて、パパに会わなくていいと言ったのは、ママがそう言ってほしそうだったし、パパに会ったらあれこれ聞かれそうだったから。パパは怒ってそうだし、パパがお金を払わないというのも、そういうことなんだよね？（これから話をするね）

（今日はどうだったかな）……こういうのならいいかなと思った。今日はパパ怒ってなかった。謝ったからビックリした。パパはね、絶対謝らない人なの。家を出たことを、パパが怒ってないなら、会ってもいい。パパのことが嫌いになったわけじゃない。

（今朝は来たくない気持ちもあったのかな）おばあちゃんが、「パパにいやなことされたら、はっきり言うのよ」と言うから、何かいやなことされるのかなと思った。弟は、能天気に「今日、仲直りするんじゃない？」と言っていた。そんなわけないじゃん。私はパパからママに来たメール見たから、もう仲直りできるはずはないなと思ってた。

……私が、ママが家を出るのを止めたらよかったのかな。パパに、私がこっそり連絡したら、パパも怒らなかったかな。（あなたのせいではないよ）

（内緒にしてほしいことは？）ママがコーチのことをカッコいいという話。絶対パパが怒るから。

いろいろな気持ちが泉の水のように、よどみなくスラスラと出てきて、賢い子なのだろうと思った。言葉に詰まる時も、ほんの少し手助けをすると、パッと表情が明るくなって「そう！」とうなずき、また次の言葉が紡がれていった。

最後の秘匿希望を聞く頃には、もう窓の外が暗くなっていた。

春休みに楽しみなことは？　と聞くと、手元のぬいぐるみが登場するアニメ映画の名前を挙げ、私は「えらく子どもっぽいものが見たいんだね」と言いそうになって、口をつぐんだ。すっかり大人びた口調に忘れそうになっていたが、この子はまだ一一歳の子どもなのだった。傷のない柔らかい肌に、細い肩にかかっているものの重さに、胸が詰まった。姉は「最後にみんなで水族館に行った時に買ってもらった」とぬいぐるみをまたプラプラと揺らしてみせた。

改めて、いろいろしんどい話もしてくれたね、ありがとうと言うと、姉は再びかぶりを振り、「ううん、話せてスッキリした。誰にも言えなかった」と伸びをした。

児童室に戻ると、弟は床いっぱいにミニカーの行列を作って遊んでいた。ミニカーのあとに、箱庭用の動物までキッチリと列を作っている。同僚は私たちを見て、「じゃあ、そろそろ車庫入れしようか」とクールダウンを始めた。遅れて部屋に戻ってきた母も、部屋中に広げられたミニカーと動物の列を見て「きゃあ」と声をあげて苦笑したが、頬を火照らせている弟に「大渋滞ですよー」と言いながら片づけを手伝った。

同僚から聞くと、弟は「またみんな一緒に暮らしたい」と言い、「なんでダメなのかなあ」と不思議そうだったという。

調停の成立

その後、調停は数回の調整を要したが、最終的には子らの親権者を母と定め、父子が月一回面会交流することなどを定めて成立した。

25 ロスト（喪失）――離婚等（人事訴訟・控訴審）

電話

「総括、調査室の借用依頼です。高裁から」

内線電話が転送されてくる。調査官の調査では、他庁の管轄区域に当事者が住んでいる場合、最寄りの裁判所の調査室を使わせてもらうことがあり、その窓口は私の仕事だ。電話をかけてきたのは高裁で抗告事件の調査を担当している知り合いの調査官だった。

家裁で判断が示されたあと、その内容に不服があれば、高等裁判所に抗告を申し立てることができるが、書面審理が中心の高裁段階でも調査官調査を行うことがある。

事件は人事訴訟（離婚等）の控訴審、調査は交流場面観察で、父母が別々に監護している小学生の兄弟と父母それぞれが同席する場面を観察する予定、と聞きながら、希望日の児童室の空きを確かめ、当事者の名前を書き留め、あれ？　と思う。ちょうど昨日、担当調査官を決める分配手続のために書記官室から私の手元に回ってきていた事件も、小学生の兄弟が分離されているケースではなかったか。

電話を切ってから、記録を取り出す。やはり同じ家族の事件だ。こちらは面会交流事件。母から父が監護している長男との面会交流を求めて申し立てた新件だ。申立の時点から分厚い添付資料がついていて、担当者を決めるためには事案を理解する必要があり、落ち着いて読もうと思ってロッカーに入れていた記録だった。

記録

兄は卒業を控えた小学六年生、弟は小四。そもそもの発端である別居から、間もなく五年が経とうとしている。数々の申立書や主張書面、資料として提出されている過去の審判書や、調査報告書をつなぎ合わせてこの家族の紛争の経過をたどると、以下のような流れになる。

X年四月　父が子二人を連れて家を出て、実家に戻る（兄小二、弟保育園年長）。

X年五月　母、子の監護者の指定、子の引渡し、保全処分申立。

父は親子交流場面観察調査に応じず。

X＋一年二月　母の申立が認容され、子らの監護者を母と指定する審判。

「別居までの主たる監護者は母であり、その監護に特段の問題はなかった。父は合意や協議なく子の監護を開始している上、父側の監護態勢は父方祖母任せで、母側の態勢より優れているとは言い難い。」父抗告。

X＋一年六月　抗告棄却。母を監護者と定める審判が確定するが、父は任意の引渡しに応じず。

X＋一年八月　母、強制執行（子の引渡し）申立。

弟のみ執行がなされ、兄は自分の意思で父宅に残る（兄小三、弟小一）。

X＋一年一〇月　母、夫婦関係調整調停申立。

X＋二年一二月　双方が子二人の親権者になることを主張して合意できず、調停不成立。

X＋三年二月　母、離婚訴訟提起。

X＋三年四月　父、兄について、父の元での生活を望んでいるとして監護者変更審判申立。

X＋四年二月　監護者変更の申立却下。

「調査で示された兄の意向は父の影響が強く、真意とは評価できない。」父抗告。

抗告棄却。

X＋四年六月　離婚訴訟判決（離婚を認容し、子らの親権者を母と定める内容）父控訴。→①

X＋五年一月　母から、兄との面会交流を求める申立。→②

これ以外にも、婚姻費用の審判が出たが、父が支払わず母から履行勧告、強制執行（給与の差し押さえ）がなされたり、父は母を児童相談所に虐待通告したりと双方が取れる限りの手段で争い、さまざまな事件が錯綜して入り乱れ、さながら事件の見本市といった様相だ。高裁で審理中なのは①の事件、私の手元にある記録は②の事件、ということになる。

どの事件でも互いに一歩も譲らず、中でも、別居の翌年に行われた強制執行の際の様子は生々しく痛ましい。母を伴って父宅に赴いた執行官の説明に、弟はすんなりと母のもとにトコトコと歩いていき、車に乗ったが、兄はマンションのロビーで「いやだ」と泣き叫んで父にしがみつき、一時間以上そこを動かず、執行は不能に終わっている。年齢の違いか、それとも「周囲の空気を読み、繊細な性格」と評されている兄と、「良くも悪くもマイペース」という弟の性格の違いだろうか。

父母のプロフィールに目を向けると、父は塾講師で、父方祖父母も教育畑の教育一家だ。父はもともと非常勤の高校教師だったが、強制執行を受けて教師を辞め、塾講師に転職している。母は母方祖父が経営する建築会社の事務をパートで手伝い、近くに住む母方親族も祖父の会社で働いている。双方実家とも経済的には不自由がなく、父母とも時間には融通が利く。どちらの環境も一長一短だが、強いて比較すれば、兄は教育熱心な祖父母に大事に育てられ、弟は母方の従兄弟に混ざって大雑把に育っている。母は父方の環境を「教育虐待」と非難し、父は母方の環境を「ネグレクト」と非難している。

こうなってくると、別居に至る経緯でどちらに責任があるのかということはもうどちらでもよく（どちらも相手に非があると主張しているが、要は反りが合わないということだ）、父母双方が

「子二人を自分の手元で育てること」を強く主張し続けている。母は最初に自分が子二人の監護者として認められたのに、どのような法的手段を取っても父が従わないことがどうしても受け入れがたいようだし、父は、母の強制執行で教師という天職を失ったことを繰り返し非難している。

どちらも疲れていないのがすごい。

父母双方とも、自分の失った子どもを、職やプライドを、求め続けてあきらめきれないように見える。

しかし、気がかりなのは、子どもの様子があまり健康そうに見えないことだ。学業優秀なはずの兄のほうはここ一年、どうも学校に行けていないようだし、弟のほうは学校で周囲との暴力的なトラブルがあるようだ。

この五年間に何度か行われている子の調査結果からは、その時々で否応なく父母の紛争に巻き込まれている兄弟の姿が立ち現れてくる。

強制執行の後、別々に暮らすようになった兄弟に対する父母双方の影響も半端ではない。母は弟に「父の精神的虐待で兄は不登校になった」と教え、父は兄に「母の金銭請求がいかに父を苦しめるか」を吹き込んでおり、調査で子らの話す内容は、年齢にそぐわない言い回しの連発で、そのまま周囲にいる大人たちの受け売りだ。報告書の調査官意見や、示される審判書の中で、子を紛争に巻き込む父母の姿勢が問題であると繰り返し指摘されているにもかかわらず、その姿勢は一向に変わらない。毎回「この先どうなるといいと思うかな」という調査官の質問に、二人ともお約束のように「このまま今の家にいたい。兄（弟）に、こちらに来てほしい」と答えている。

直近に行われた監護者変更事件での調査では、兄は「自分の本当の気持ちがよくわからなくて整理できてない。だから母に会うことも考えられない。しばらくそっとしておいてほしい」と言い、父母が自分をめぐって争っていることについても「自分が人間じゃなく、人形みたいに扱われている感じ」と浮かない表情で話している。

高裁の調査官の話では、離婚訴訟の控訴審では、これまで兄の拒否を盾にして調査に応じてこなかった父が、親権者として面会交流に関する寛容性を主張する以上、ついに交流場面観察の調査に応じる態度に転じ、調査命令が出たということのようだ。

これは五年かかっても解決しない事案だね、と私も重い気持ちになって、ベテランの主任と担当者を相談することにした。

兄弟

調査当日。高裁の調査官は二人連れでやってきた。

通常、調査室を提供する側の庁の調査官が、調査を手伝うことはない。ただ、聞いていた予定時間よりも長引いているなと思ったら、高裁の調査官が切羽詰まった顔で部屋に戻ってきて、「ちょっと児童室に来てもらっていい？」と言う。

父母が順番に子ども二人と過ごしたあと、子どもたちが「ここから帰らない」と言って泣き出したという。子どもたちは何とか泣きやんだが、これから高裁の調査官一人はそれぞれ父母に状況を説明するので、その間、児童室で子どもたちを見ていてもらえないかということだった。

児童室に入ると、兄弟が身を寄せ合ってこちらを見ている。

よく似た顔立ちだが、兄は長い間外に出ていなかったのか、顔色は色白というよりも青白く、髪はボサボサだ。一方の弟はよく陽に焼けているが、手足の肌は荒れてガサガサ、爪の間は真っ黒だ。二人とも頬に涙の跡があり、表情は固い。一瞬「どちらも手をかけられていない感じ」と思いかけ、最初に見た厚い記録を思い出す。父も母も毎日必死に子どもたちを育てているはずだ。「ごめんね、担当の調査官がお父さんお母さんにお話があるので、私はその間の留守番です。ちょっとの間、一緒に遊んで待ってようか」と声をかけて、腰を下ろす。

何か気楽に遊べるものはないかな、とおもちゃ棚を見回して、ジェンガを選んだ。木の棒を互い違いに積み上げた塔から、塔が崩れるまで順番に一本ずつ棒を抜いていく単純なおもちゃだ。最初は気の抜けたような表情だった兄も、弟が「そこ、いけるで」と棒が抜けるところを教え始めると、少し身を乗り出した。大きな音がして塔が崩れると、「うちみたいやな」と弟がポツリと言う。兄は黙ってまた塔を積む。

兄は、弟の耳元で、「中学になったら、学校も行く。電車通学になるから、おまえの学校にこっそり会いに行ってやる。別に母ちゃんはどうでもいいけど」と囁いている。

再びジェンガの塔が崩れると、弟は「兄ちゃんとオセロやる！　トランプやる！」と、一分一秒を惜しむように、次々におもちゃを取り出す。本当なら、二人でこんな時間をふんだんに過ごすはずだったのではないだろうか。

兄弟は、遊んでいるうちに落ち着いたのか、児童室に戻ってきた高裁の調査官の前で、帰りたくないと言うことはもうなかった。

父母が争っている間に過ぎた、五年間という長い長い時間はもう返らない。この兄弟もまた、子どもらしい時間を失ったのだと思う。

26 コウモリ（前編）——傷害

夜行性の少年たち

事件は週末、深夜の私鉄駅前で起きた。少年二人が通りがかった被害者に因縁をつけた末、「タイマンか金か選べ」と言って相手から先に殴らせたあと、二人がかりで相手を殴って全治三週間（全身打撲）の傷害を負わせたという事案だ。

少年らは一六歳、被害者は一八歳の大学生で、少年らと被害者の間に面識はない。

被害者の陳述によれば「相手の服装は二人とも黒ずくめで髪型もよく似ていましたが、区別するために、体格の大きいほうを『大』、小さいほうを『小』と呼ぶことにします」とある。

記録の中の少年二人の写真は、どちらも上下黒のジャージにツーブロックの髪型、確かに体格以外は雰囲気がそっくりで、記録を見た皆は、口を揃えて「本当に大と小だねえ」と言った。

なので、被害者にならい、この話の主人公である二人の少年を仮に「ダイ」と「ショウ」と呼ぶことにする。

事件現場は、コンビニと居酒屋が数軒あるくらいのさびれた駅だが、深夜になると少年たちのたまり場だ。記録に添付された防犯カメラの写真では、街灯の明かりの中、少年らと被害者のほかにも、黒っぽい服装の少年たちがまるで夜行性のコウモリのように集まってきてはパタパタと周辺を飛び回っている。

少年たちは何をするでもなくバイクのエンジンを吹かし、たむろしている女子に声をかけて、自分たちのイケ具合をはかる。バイクの改造がどれだけ本気か、互いに横目で相手のバイクを見る。同じ匂いのする相手にメンチを切って殴り合いをすることを彼らは「ファイト」と呼んでいて、本件も、そんな自分の強さのランクをはかるマウントの確認の手段だ。

きっかけは、少年らに言わせれば「相手が先ににらんできた」「相手がこっちを見てバカにしたように笑った」。被害者は、その日たまたまツーリングで現場を通りがかっただけで、その目線にはおそらく何の悪意もなかったようだが、だらしなくしゃがんでいるダイたちの様子にちょっと眉をひそめるくらいはあったかもしれないし、何となく自分たちと空気感の違うヨソモノが「にらんできた」ことは、少年たちにとって、空中に火花が飛び、ゴングが鳴るようなもので、因縁をつけるには十分な理由だ。

他意のない相手の行動に悪意を見出すのは「敵意帰属バイアス」と呼ばれる心理だが、一旦暴力を振るい始めると、感情統制の悪さが邪魔をして止められないし、周囲にいるギャラリーの目を意識して暴力はエスカレートしていく。つまらない毎日の連続の中、灰色の駅前に突然色がついたようにテンションが上がったのだろう。

ひよっこ

ところで家裁調査官は、採用されてから二年間、調査官補、通称「官補」として研修を受けるが、そのうち約一年間は、三人一組になって現場に出て、主任調査官らの指導を受けながら、実際の事件の調査を担当する。この傷害事件は、私が当時指導を担当していた男性一人、女性二人の官補たちによって調査が行われることになった。

調査官の調査は、まず調査仮説を立て、調査計画を立てるところからだ。しかし、横道にそれずにまっすぐ育ってきて、ついこの間まで真面目な学生であった官補たちにとって、メンチだタイマンだといったヤンキー文化も、少年たちの思考回路も、初めて接するものだ。なぜ面識もない相手と目が合っただけでケンカを始めようと思うのか、ケンカの強弱の序列がなぜそんなに大事なのか、仮説の段階からわからないことだらけのようだった。

また、官補の指導では、官補が行う少年との面接に指導官が同席する。場数を踏んでいない官補たちの面接は、変に丁寧すぎて慇懃無礼に聞こえたり、逆になれなれしすぎて緊張感を欠いたりとまだ危なっかしい。おっとりした性格のダイはこいつら新人か、という顔をして調子を合わせてくれていたが、敏感なショウはいちいちムッとしたりふてくされたりしていた。それでも、自分たちと年齢の近い官補は話しやすいのか、面接も二回目からは少しずつ自然な会話の応酬になっていった。

ダイとショウのストーリー

調査が始まると、法律記録だけではわからないダイとショウの共通点も違いも見えてきた。共通点から言えば、二人の学校場面でのプロフィールはよく似ている。鑑別所での知能検査の結果は、二人とも軽度知的障害の診断がギリギリつくかどうかの微妙な数値だ。これまで支援の対象にはなっていないが、勉強に関しては小学校時代からいわゆる「お客さん」状態で、中学校では不良グループの一員として校内での迷惑行為を繰り返している。やっと進学した高校は一学期の終業式を待たずに中退し、かろうじてアルバイトを続けている。

逆に大きく違っていたのは家庭環境だ。

ダイの両親は、ダイが小学三年生時に離婚し、ダイは母と暮らしている。

ダイの母は介護施設で働き、父はトラックのドライバーだ。離婚当初、母が夜勤の日は、父は仕事の都合をつけてダイの家に泊まりに来ていたらしく、ダイが小学校を卒業したあとも、ダイの気が向いた時に自由に父に会えていたようだ。ただ、ダイによれば、父母は連絡を取り合っていながら、絶対に母は父と顔を合わせようとはしなかったという。

調査でダイの母は「審判には父も出席できるでしょうか」と言った。これからはまず夜遊びをさせないよう、ダイの監督をする覚悟だが、自分一人では夜勤日があり、限界がある。以前のように、父に泊まりに来てもらい、ダイの監督を頼むつもりであるという。

一方、戸籍では問題なく両親健在に見えたショウの父母は、同居と別居を繰り返していた。ショウの父は、母に暴力を振るい、ショウにも暴力を振るうが、ショウの三歳下の妹のことは溺愛している。母が父の暴力に耐えかね、ショウと妹を連れて家を出て母の実家に逃げ込むと、父はゲームやスマホを買ってやると言って子らを奪い返し、母はしばらくするとあきらめてまた家に戻ってくる。事件の時には父母は同居していたが、その実は一触即発の家庭内別居状態で、ショウと妹の前で激しい口論や暴力に及ぶこともあったし、父母はどちらも、自分の手元に子どもを引きつけておこうとして、競って子らを甘やかすばかりだ。ショウの逮捕後、ショウの母は妹を連れて再び実家に戻り、離婚調停を申し立てていた。

「ショウ君は、自分の家のことをどう思っているの？」

官補の質問に、ショウは眉間にシワを寄せて容赦なく「何を聞かれてるかわからん」と、とげとげしい口調で言い捨て、官補は気圧された様子でそれ以上言葉を継げなかった。ショウはそもそもあまり自分の気持ちを話さなかったし、あるいは整理がついていなくて話せないのかもしれなかった。

しかし、事件時の行動からは、ショウが父母の紛争から学んだと思われることが数多くあった。

相手に非があれば、暴力を振るってもいいこと。話が通じない相手には殴ってわからせるほうが手っ取り早いこと。先に相手から手を出させれば「正当防衛だ」と言い逃れができること。暴力を振るうなら、すぐにわかりにくい腹や背中を狙うこと。

暴力肯定的な価値観や行動パターンはショウに根深くしみついてしまっており、官補による面接の一回や二回でその歪みに気づいてもらうのは難しかった。

官補三人はケース検討を繰り返して少年調査票を書き上げていった。こういった集団非行での調査の常として、自分が担当する少年に情が移って肩入れしてしまい、検討は「いや、うちの子はそんなことしない」など、まるで代理戦争のようになってしまうことがあるのも官補らしかったが、今回の暴力の原動力になっていたのは紛れもなくショウのほうで、ダイは途中から、我を失ってしまったショウを止めようとしていた。

審判の結果、ショウは第一種少年院送致、ダイは在宅試験観察となった。暴力場面での役割の差以外にも、ダイが初回係属だったのに対し、ショウは一年前に同じような暴力事件を起こしてすでに保護観察中であったこと、父母が争い続けている限り、監督らしい監督を期待できないこと、観護措置を執られてもショウの内省が一向に深まらないことなど、二人の処遇に違いが出た理由はいろいろあった。

ショウの調査を担当した官補は、審判が終わって部屋に戻らずトイレに駆け込んでいたようで、しばらくして部屋に戻ってきた時には目が赤かった。その後も黙っているので、帰り際に呼び止めてみた。官補は言葉に詰まりながら涙ぐみ、「初めて本当に言い渡しの場面を見て……。少年院送致の意見で迷うことはないと思ってたけど、当てはめみたいな結論の出し方でよかったのかと思ってしまって……。私がもっと本気でショウ君と話ができていたら、違う結果になったかもしれない」と言った。

「うん、結果は変わらないかもしれないけれど、その気持ちを忘れないで」と私が言うと、官補は何度か小さくうなずいて、やっと納得した顔になった。

ダイとショウの物語は、もう少し続く。

27 コウモリ（後編）——夫婦関係調整

卒業

ダイの在宅試験観察は約三ヵ月続いたが、経過は順調とは言いがたかった。

ダイには、官補が用意したアンガーマネジメントのワークシートに毎回取り組ませたが、母との関係が落ち着かない。試験観察中、ダイを落ち着かせなければと気負う母は、以前よりもダイの生活のあれこれに干渉するようになった。母とケンカになるとダイは勝手に父宅に泊まりに行ってしまい、母から「ダイが家出した」と電話がかかってくる。ダイがふらりと母宅に戻ってくる頃には、ケンカの理由はうやむやになっている。

一見、離婚後の理想的な協力関係に見えた父母の関係は、思ったほどうるわしいものではないこともわかってきた。母はケンカになると「あっちの家に行ってしまえ！」とダイを突き放すし、父はいざダイが家に来てもほったらかしで平気で飲みに出かけたりと頼りにならない。ダイも、父母を半ば利用しながら二つの家を渡り歩いているようにも見えた。

そんな中、ダイは試験観察中の少年たち数人と、公園清掃活動に参加した。公園清掃はボランティアの大学生の仕切りで、ちょっとしたアイスブレイクを交えて和やかに進む。私も少年たちに混じってゴミを探していると、いつの間にか横にいたダイが「家裁って、オレらみたいなヤツばっかりじゃなくて、親が離婚する子どもも来るんですか」と話しかけてきた。会議室で行われたオリエンテーションのために、家事部のフロアを通った際、調査で来庁していた小学生を見かけたようだ。

……オレの親、ずっと前に離婚してるじゃないですか。小学生の時に、家裁に連れてこられたんすよねえ。どっちが家を出るってケンカになって、オレに決めさせようとしたんでしょうね。まだ両親一緒に住んでる時ですよ？　ありえねえ。

長い椅子のある部屋でずっと待ってて、裁判所の人が来て、「今日はいいからね」って帰された気がします。そのあとかなあ、親からどっちがいいかって聞かれたり、親がオレの前でケンカするのやめたんは。なんか、母ちゃんが「家裁の人に怒られたわあ」って言ってたから。でも結局離婚したんだから、オレの見えないところでケンカしてたんでしょうね。

……そう言えば、以前にも同居中の夫婦が子どもを連れてきたと言って調停に呼ばれた件があった、と思い出す。あの時の子どもも小学生だった。

「もし、その時に話を聞かれてたら、どう答えたんだろうね？」

「えー、どうやろう。『そんなん選べません』じゃないかなあ」

ダイは試験観察の終盤に、短期間の補導委託決定を受け、数日間、老人ホームにボランティアに行くことになった。初日と最終日の活動には官補が付き添う。

荒っぽい現場仕事のアルバイトしか経験のないダイに務まるかと心配していたが、初日の活動を終え、官補は「最初にすっごく元気いい挨拶をして、職員の人からほめられてました！お年寄り相手に、何度も同じこと聞かれても、根気強く優しく答えてたんですよ！」と興奮して帰ってきた。最終日にも、ホームの職員から根気強さをほめられ、ダイは頬を赤くして、まんざらでもない顔をしていたという。

補導委託の感想では、初めてほめられて嬉しかったことを挙げる少年が多い。ところが、後日提出されたダイの感想文には「自分の母もお年寄りの施設で働いています。母はえらいなと思いました」と書いてあった。

その後、ダイはストンと母宅で落ち着き、アルバイトを転々とするのをやめた。官補たちの少年部での修習が終わる頃、ダイも無事に試験観察を終え、家裁を卒業していった。

春の便り

その年の春、私は家事係に配置換えになった。前任者から引き継いだ何冊かの記録の中に、ショウの両親の夫婦関係調整調停があった。

長年争い、ショウの逮捕後に何度目かの別居をしたショウの両親だが、妹は母の実家で落ち着いたようで、妹については、前任者が妹本人から話を聞いて母を親権者と定める合意ができていた。残る問題はショウの親権だ。父母双方が「ショウの気持ちに任せる」と言っているが、本心では、どちらもショウを引き取りたくない様子にも見える。裁判官は「自分が少年院にいる間に、親の離婚や自分の親権が勝手に決まっていたら納得がいかないだろう。もうすぐ一七歳なら書面で聞くのもありうるけど、それほど単純な話じゃない気がするし、ちゃんと説明をしたうえで、親権についてどう考えているか聞いてきてほしい」と言う。

父母には、手紙なり面会なり、何らかの方法でショウに離婚のことを伝えておいてほしい、と指示をして、調査を受命した。

小さなエール

……というわけで初夏のある日、少年院にショウに会いに行く。官補の指導中、常に官補を連れての出張だったので、一人の出張は久しぶりで、子育てが終わったような解放感で空を見上げながら、電車に揺られた。

緑の濃い山合いにあるその少年院には、鑑別所で顔なじみだった法務教官が転勤していて、日焼けした顔で迎えてくれる。鑑別所では、日ごとの少年の表情や口調、ふとした行動から推測できる微妙な変化を教えてくれていた教官で、鑑別結果の「行動観察」の欄には、ほかの教官とは一味違う観察眼の光る記載があったのが印象的だった。

「少年院、どうですか？」

「腰を据えて少年と向き合えるのがいいね。今の子はみんな難しいけど、昔よりもかなり人数が減ったから」

少年院の面接室は、調査官が座る机はずいぶん大きく立派で、少年が座るパイプ椅子は部屋の中央にポツンと置かれており、鑑別所と比べると少年との間に距離がある。例の教官がショウを連れてきてくれ、「しっかり話しなさい」とドアを閉める。丸刈りになったショウの顔立ちは、別人かと思うほどずいぶん丸く、幼い。いや、年齢相応の顔になったのだろうか。

思わず「ご飯、たくさん食べてる？」と本題からずれた話から始めたが、ショウは、自分たちが植えて初めて収穫したトマトが食事に出ました、おいしかったです、勉強もちゃんとしてます、今度危険物取扱者の試験に挑戦します、とハキハキした口調で答えてくれた。

「実はね、今日はあなたに、家事事件で話を聞きに来ました」と告げると、ショウはいぶかしげな顔をしている。

両親の調停の状況を説明し、親がいよいよ離婚するかも、と伝えると、ショウは「ハァ？」と目をむき、いきなり立ち上がってパイプ椅子が大きな音でバタン、と倒れる。驚くほどの速さで教官が面接室に駆けつけてくる。教官がショウの肩に手を置き「ほら、深呼吸」と言うと、ショウは落ち着き、面接を続けることになる。教官は「ここにおってもいいか?」と小声でショウに聞き、小さくうなずくのを見て、ショウから見えないよう、そっと部屋の隅に座る。ショウは怒りに満ちた目で話し始める。デスマス調だった口調は、いつの間にか荒っぽいものになっている。

……どうせ、いずれは離婚するやろなとは思ってたけど、この間、オカンが面会に来た時、そんなこと一言も言ってなかった。別れるんなら、とっとと早く別れてたらよかったのに。あっち行って気遣って、こっち行って親をなぐさめて、何のためにオレ今まで頑張ってきたんや。

だいたい、オカンも、あんたたちのために離婚しないとか、妹が中学出るまでは離婚しないとか言ってたくせに、嘘ばっかり。オレが少年院に行ったら、すぐに離婚か。オトンも、おまえらが可愛いからおまえらのために叱るとか殴るとか、あれも嘘ばっかり。

別れるくらいなら、なんで子どもなんか作ったんや。

ショウは悲鳴のように叫び、その目からは涙が流れ始める。

私はショウが絞り出す言葉を「そうか、そうだね」と受け止めるしかない。泣いているショウを見ていると、鳥と獣の間を行ったり来たりした挙句、どちらにもつけなかった童話のコウモリを思い出す。

「どう思うって聞かれたって、どうもこうも、親は選べへんのやから、しょうがないやんか」としゃくりあげつつ切れ切れにショウは言い、「どう思う」とはまだ聞いていないけど、と思いながら気づく。ショウは、調査の時、官補に聞かれたあの質問に答えようとしているのだと。

「どうして涙が出るんだろうね？」

「そんなんわからん。もう、調査官の人って、なんでそんな答えにくいことばっかり聞くんや」と、ショウは泣き笑いのような顔になって「……どっちにも嘘つかれてたのが腹立つんかな」と言う。

ショウはやがて涙を拭き、「どっちか選べ、って？」と強い口調で私に聞く。

「うーん。選んでもいいし、選べなくてもいい」

「そんなんアリ？」

「ありあり。『選べませんでした』と書くから。それを読んで、どうするか考えるのが大人の仕事」と言うと、初めてショウは笑い、「ちょっと待って」と言ってしばらく天井を見る。

「……どうしても選ぶんなら、オカンの家に帰りたい。オトンがまた家に来て、オカンを殴るかもしれん。オレがオカンと妹を守る。それで、オトンに、前にオレを殴ったことを謝ってくれって書いてくれ。

面接の最後に「今日聞いた話の中で、秘密にしたいことはある？」と聞くと、ショウはまた改まった口調に戻り、「オレが泣いたことは書かんとってください。恥ずかしいから」と言い、私はうなずいた。

帰り際、教官に「だいぶ動揺させてしまって」と謝ると、教官が言う。いやいや、そんなことはない。今まで、ショウは家のことは言わなかったんです。今日、言葉にしたことで、話題にできるようになるかもしれません。あとは我々の仕事、と胸を叩いて見せた。

帰りの電車が動き出すと、ショウのいる森はどんどん遠ざかっていく。ショウはあの森の中で、自分のこころと、家族と向き合い、社会の中で生きていく手立てを探そうとしている。それはたぶん、町にいるダイも同じだ。

——がんばって。

こころの中で子どもたちにエールを送りながら、帰途に就く。

私には、また忙しい日常が待っている。

あとがき──「家庭に光を、少年に愛を」

家庭裁判所が設立されたのは昭和二四（一九四九）年一月一日。その時に掲げられたこの言葉を、家裁に勤める私たちは、今も大事に思っています（現在の標語は「家庭に平和を、少年に希望を」となっています）。

戦後の民法改正や家裁の創設自体、大きな変化の一つであったと思いますが、世の中の考え方や法律は時代につれて移り変わっていくものでもあります。私が採用されてからの三〇年間でも、成年後見制度のスタート、人事訴訟事件の家裁移管、少年法の改正（原則検送の導入、特定少年の新設）、ウェブ調停の導入など、大きな変化がいくつもありました。今もまた、共同親権の導入という大きな変化を控えています。これからも、今まで当然と思っていたことが変わり、世の中の考え方や裁判所の判断、家族の在り方そのものが変わっていくということもあるでしょう。この本に書かれていることが、一〇年先、二〇年先には「今とは違うな」と思われることも出てくるでしょう。

それでも、どんなに世の中や法律が変わっても、一つひとつの事件を通して、中立公正であること、少年が罪を犯さずに大人になる道筋を探すこと、子どもが笑っている可能性を探ること。家庭裁判所に与えられた役割や、私たち調査官が目指すところは、創設時から変わることはありません。どれほど光や愛に近づけたかわかりませんが、自分が正しいと思える価値観に従って仕事を続けてこられたことは、本当に幸運なことであったと思います。

この本を手に取られた方が、家庭裁判所という場所に、家裁調査官という仕事に興味をもってくださったとしたら、望外の喜びです。


最後に、この本を書くことができたのは、事件を通じて出会ったすべての少年、保護者、当事者、子どもたちのおかげです。私はあなたたちから、多くのことを教えられました。みなさまが歩いていく道が、どうか明るいものでありますように。

そして、私がものを書くことを静かに見守ってくれた家族、これまで一緒に調査官として歩んできた同期や先輩後輩、中でも執筆のヒントをくれた菅原美沙主任調査官、奥井衣代調査官、調査官としての師であり、もの書きとしてのバトンを渡してくださった藤川洋子京都工芸繊維大学教授に感謝します。

「こころの現場から」執筆の機会を与えてくださった遠藤俊夫様、また「令和の家庭裁判所を書いてみませんか」と声をかけていただき、Ｗｅｂ連載からこの本の出版に至るまで、息長く伴走してくださった日本評論社の植松由記様に深くお礼を申し上げます。

二〇二四年八月

高島聡子

高島聡子（たかしま・さとこ）

神戸家庭裁判所姫路支部総括主任家庭裁判所調査官。1969年生まれ。大阪大学法学部法学科卒業。名古屋家裁、福岡家裁小倉支部、大阪家裁、東京家裁、神戸家裁伊丹支部、京都家裁、広島家裁などの勤務を経て2023年から現職。現在は少年、家事事件双方を兼務で担当。
訳書に『だいじょうぶ！ 親の離婚』（共訳、日本評論社、2015年）がある。

初出
本書は、『こころの科学』181〜194号の「こころの現場から」、同216号の特別企画エッセイ、Web日本評論の連載「ただいま調査中！ 家庭裁判所事件案内」（2023.10〜2024.9）を再構成し、加筆修正のうえ、書籍化したものです。

家《か》裁《さい》調《ちょう》査《さ》官《かん》、こころの森《もり》を歩《ある》く
——離婚《りこん》、親権《しんけん》、面会交流《めんかいこうりゅう》、そして少年非行《しょうねんひこう》

二〇二四年一一月一五日　第一版第一刷発行

著　者　高《たか》島《しま》聡《さと》子《こ》

発行所　株式会社 日本評論社
〒一七〇-八四七四　東京都豊島区南大塚三-一二-四
電話　〇三-三九八七-八六二一［販売］
〇三-三九八七-八五九八［編集］
振替　〇〇一〇〇-三-一六

装　画　植田たてり
装　丁　岩元萌（オクターヴ）
印刷所　港北メディアサービス
製本所　難波製本

検印省略

©2024 Takashima, S.　ISBN978-4-535-56437-4　Printed in Japan